U0740970

科学鼻祖

科学精英与求索发现

肖东发 主编 罗 洁 编著

中国出版集团

现代出版社

图书在版编目（CIP）数据

科学鼻祖 / 罗洁编著. — 北京：现代出版社，
2014.11（2020.01重印）
　（中华精神家园丛书）
　ISBN 978-7-5143-2815-8

　Ⅰ．①科… Ⅱ．①罗… Ⅲ．①科学家－生平事迹－中
国－古代 Ⅳ．①K826.1

中国版本图书馆CIP数据核字（2014）第259248号

科学鼻祖：科学精英与求索发现

总　策　划：陈　恕
主　　　编：肖东发
作　　　者：罗　洁
责任编辑：王敬一
出版发行：现代出版社
通信地址：北京市定安门外安华里504号
邮政编码：100011
电　　话：010-64267325 64245264（传真）
网　　址：www.1980xd.com
电子邮箱：xiandai@cnpitc.com.cn
印　　刷：山东省东营市新华印刷厂
开　　本：710mm×1000mm　1/16
印　　张：11
版　　次：2015年4月第1版　2020年1月第3次印刷
书　　号：ISBN 978-7-5143-2815-8
定　　价：40.00元

　　党的十八大报告指出："文化是民族的血脉，是人民的精神家园。全面建成小康社会，实现中华民族伟大复兴，必须推动社会主义文化大发展大繁荣，兴起社会主义文化建设新高潮，提高国家文化软实力，发挥文化引领风尚、教育人民、服务社会、推动发展的作用。"

　　我国经过改革开放的历程，推进了民族振兴、国家富强、人民幸福的中国梦，推进了伟大复兴的历史进程。文化是立国之根，实现中国梦也是我国文化实现伟大复兴的过程，并最终体现为文化的发展繁荣。习近平指出，博大精深的中国优秀传统文化是我们在世界文化激荡中站稳脚跟的根基。中华文化源远流长，积淀着中华民族最深层的精神追求，代表着中华民族独特的精神标识，为中华民族生生不息、发展壮大提供了丰厚滋养。我们要认识中华文化的独特创造、价值理念、鲜明特色，增强文化自信和价值自信。

　　如今，我们正处在改革开放攻坚和经济发展的转型时期，面对世界各国形形色色的文化现象，面对各种眼花缭乱的现代传媒，我们要坚持文化自信，古为今用、洋为中用、推陈出新，有鉴别地加以对待，有扬弃地予以继承，传承和升华中华优秀传统文化，发展中国特色社会主义文化，增强国家文化软实力。

　　浩浩历史长河，熊熊文明薪火，中华文化源远流长，滚滚黄河、滔滔长江，是最直接的源头，这两大文化浪涛经过千百年冲刷洗礼和不断交流、融合以及沉淀，最终形成了求同存异、兼收并蓄的辉煌灿烂的中华文明，也是世界上唯一绵延不绝而从没中断的古老文化，并始终充满了生机与活力。

　　中华文化曾是东方文化摇篮，也是推动世界文明不断前行的动力之一。早在500年前，中华文化的四大发明催生了欧洲文艺复兴运动和地理大发现。中国四大发明先后传到西方，对于促进西方工业社会的形成和发展，曾起到了重要作用。

　　中华文化的力量，已经深深熔铸到我们的生命力、创造力和凝聚力中，是我们民族的基因。中华民族的精神，也已深深植根于绵延数千年的优秀文化传统之中，是我们的精神家园。

　　总之，中华文化博大精深，是中国各族人民五千年来创造、传承下来的物质文明和精神文明的总和，其内容包罗万象，浩若星汉，具有很强的文化纵深，蕴含丰富宝藏。我们要实现中华文化伟大复兴，首先要站在传统文化前沿，薪火相传，一脉相承，弘扬和发展五千年来优秀的、光明的、先进的、科学的、文明的和自豪的文化现象，融合古今中外一切文化精华，构建具有中国特色的现代民族文化，向世界和未来展示中华民族的文化力量、文化价值、文化形态与文化风采。

　　为此，在有关专家指导下，我们收集整理了大量古今资料和最新研究成果，特别编撰了本套大型书系。主要包括独具特色的语言文字、浩如烟海的文化典籍、名扬世界的科技工艺、异彩纷呈的文学艺术、充满智慧的中国哲学、完备而深刻的伦理道德、古风古韵的建筑遗存、深具内涵的自然名胜、悠久传承的历史文明，还有各具特色又相互交融的地域文化和民族文化等，充分显示了中华民族的厚重文化底蕴和强大民族凝聚力，具有极强的系统性、广博性和规模性。

　　本套书系的特点是全景展现，纵横捭阖，内容采取讲故事的方式进行叙述，语言通俗，明白晓畅，图文并茂，形象直观，古风古韵，格调高雅，具有很强的可读性、欣赏性、知识性和延伸性，能够让广大读者全面接触和感受中国文化的丰富内涵，增强中华儿女民族自尊心和文化自豪感，并能很好继承和弘扬中国文化，创造未来中国特色的先进民族文化。

2014年4月18日

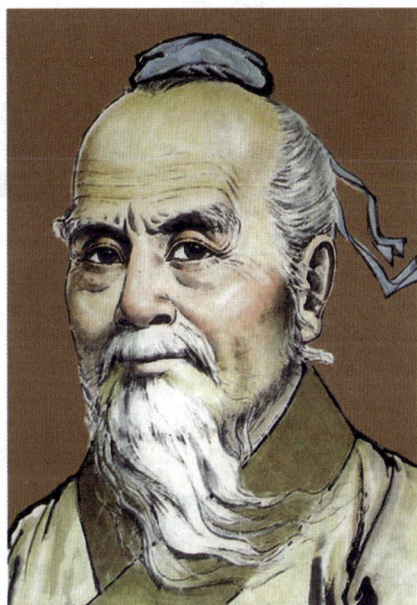

3

近古时期——科技巨擘

近世时期——学科精英

春秋战国是我国历史上的上古时期。

在这一时期，水利和中医学方面取得了领先世界的成就。李冰设计建造的都江堰，开创了我国古代水利史新纪元，被誉为"世界水利文化的鼻祖"。扁鹊创造的望、闻、问、切四诊法，完全符合现代科学中的辨证施治方法和理论。

李冰和扁鹊所取得的成就，不仅为我国古代科学作出了贡献，同时也代表了上古之人对真实自然的求索与认知。他们的积极探索与大胆实践精神，将永远鼓舞着后人。

上古时期

科学鼻祖

功追大禹的水工李冰

李冰，生卒年不详，今山西运城人。战国时期杰出的水利工程家，对天文地理也有研究。秦昭襄王末年任蜀郡太守，他与其儿子一同设计和主持兴建了我国早期的灌溉工程都江堰。

李冰修建的都江堰水利工程，不仅在中国水利史上，而且在世界水利史上均占有光辉的一页。它悠久的历史举世闻名，它设计之完备令人惊叹！

后世为纪念李冰父子，在都江堰修有二王庙。都江堰也成为著名的风景名胜。

■ 主持修建都江堰的李冰画像

公元前316年，秦国吞并蜀国。那时的蜀国，年年非涝即旱，有"泽国""赤盆"之称。秦为了将蜀地建成重要的基地，决定彻底治理岷江水患，同时派精通治水的李冰任蜀郡太守。

李冰做蜀郡太守的时间没有明文记载，大约在公元前277年至前250年之间。他最初到蜀郡时，亲眼看到岷江给当地带来的严重灾难。岷江发源于成都平原北部的岷山，沿江两岸山高谷深，水流湍急。

■ 李冰蜡像

岷江到灌县附近，进入一马平川，水势浩大，往往冲决堤岸，泛滥成灾，而从上游挟带来的大量泥沙也容易淤积在这里，抬高河床，加剧水患。特别是在灌县城西南面，有一座玉垒山，阻碍江水东流，每年夏秋洪水季节，常造成东旱西涝。

李冰到任不久，便开始着手进行大规模的治水工作。他和他的儿子二郎沿岷江进行实地考察，了解水情、地势等情况，制订了治理岷江的规划方案，并开始实施。

修建"宝瓶口"：李冰父子邀集了许多有治水经验的农民，对地形和水情做了实地勘察，决心凿穿玉垒山引水。由于当时还未发明火药，李冰便以火烧石，再浇冷水，使岩石爆裂，终于在玉垒山凿出了一

太守 原为战国时代郡守的尊称。西汉景帝时，郡守改称太守，为一郡最高行政长官。历代沿置不改。南北朝时，新增州渐多。郡之辖境缩小，郡守权为州刺史所夺，州郡区别不大，至隋初遂存州废郡，以州刺史代郡守之任。此后太守不再是正式官名，仅用作刺史或知府的别称。明清则专称知府。

个宽20米，高40米，长80米的山口。因其形状酷似瓶口，故取名"宝瓶口"，把开凿玉垒山分离的石堆叫"离堆"。

李冰之所以要修宝瓶口，是因为只有打通玉垒山，使岷江水能够畅通流向东边，才可以减少西边的江水的流量，使西边的江水不再泛滥，同时也能解除东边地区的干旱，使滔滔江水流入旱区，灌溉那里的良田。

这是治水患的关键环节，也是都江堰工程的第一步。修建"分水鱼嘴"：宝瓶口引水工程完成后，虽然起到了分流和灌溉的作用，但因江东地势较高，江水难以流入宝瓶口。为了使岷江水能够顺利东流且保持一定的流量，并充分发挥宝瓶口的分洪和灌溉作用，李冰在开凿完宝瓶口以后，又决定在岷江中修筑分水堰，将江水分为两支，一支顺江而下；另一支被迫流入宝瓶口。由于分水堰前端的形状好像一条鱼的头部，所以被称为"鱼嘴"。

鱼嘴的建成将上游奔流的江水一分为二：西边称为外江，沿岷江河床顺流而下；东边称为内江，它流入宝瓶口。由于内江窄而深，外

■李冰父子修都江堰蜡像

江宽而浅，这样枯水季节水位较低，则60％的江水流入河床低的内江，保证了成都平原的生产生活用水。

而当洪水来临时，由于水位较高，于是大部分江水从江面较宽的外江排走，这种自动分配内外江水量的设计就是所谓的"四六分水"。

修建"飞沙堰"：为了进一步控制流入宝瓶口的水量，起到分洪和减灾的作用，防止灌溉区的水量忽大忽小、不能保持稳定的情况，李冰又在鱼嘴分水堤的尾部，靠着宝瓶口的地方，修建了分洪用的平水槽和"飞沙堰"溢洪道，以保证内江无灾害。溢洪道前修有弯道，江水形成环流，江水超过堰顶时洪水中夹带的泥石便流入到外江，这样便不会淤塞内江和宝瓶口水道，故取名"飞沙堰"。

飞沙堰采用竹笼装卵石的办法堆筑，堰顶做到比较合适的高度，起到一种调节水量的作用。当内江水位过高的时候，洪水就经由平水槽漫过飞沙堰流入外江，使得进入宝瓶口的水量不致太大，保障内江灌溉区免遭水灾。

同时，漫过飞沙堰流入外江的水流产生了漩涡，由于离心作用，泥沙甚至是巨石都会被抛过飞沙堰，

■ 修建都江堰场景

溢洪道 是水库等水利建筑物的防洪设备，多筑在水坝的一侧，像一个大槽，当水库里水位超过安全限度时，水就从溢洪道向下游流出，防止水坝被毁坏。包括进水渠、控制段、泄槽和出水渠。

岁修制度 这里指每年有计划地对都江堰古建筑工程进行的维修和养护工作。岷江的洪水很猛烈，隔若千年会有一次特大的洪流，兴风作浪，那时的枢纽建构就会大伤元气。因此，隔一段时间进行一次全面检修十分必要。

因此还可以有效地减少泥沙在宝瓶口周围的沉积。

为了观测和控制内江水量，李冰又雕刻了3个石桩人像，放于水中，以"枯水不淹足，洪水不过肩"来确定水位。还凿制石马置于江心，以此作为每年最小水量时淘滩的标准。

李冰克服重重困难建成的都江堰，之所以能够历经2000多年依然能够发挥重要作用，关键在于后世制定了合理有效的岁修制度。古代竹笼结构的堰体在岷江急流冲击之下并不稳固，而且内江河道尽管有排沙机制但仍不能避免淤积。因此需要定期对都江堰进行整修，以使其有效运作。

汉灵帝时设置"都水掾"和"都水长"负责维护堰首工程。蜀汉时，诸葛亮设堰官，并"征丁千百人

主护"。此后各朝，以堰首所在地的县令为主管。

宋朝时，制定了施行至今的岁修制度，即在每年冬春枯水、农闲时断流岁修的制度，称为"穿淘"。岁修时修整堰体，深淘河道。淘滩深度以挖到埋设在滩底的石马为准，堰体高度以与对岸岩壁上刻的水标相齐为准。

明代以来，使用卧铁代替石马作为淘滩深度的标志，现存3根3米多长的卧铁，位于宝瓶口的左岸边，分别铸造于明万历年间、清同治年间和1927年。

李冰在任蜀郡太守期间，还对蜀地其他经济建设作出了贡献。李冰在今宜宾、乐山境开凿滩险，疏通航道，修建了今崇庆县西河、邛崃南河、石亭江、绵远河等灌溉和航运工程。这一切均说明李冰是一位颇

煮盐 是指用深腹容器煮沸取自海边滩涂下或盐井里的卤水并加凝固物来结晶成盐。商周时期已见。长期的生产实践，使沿海人民逐渐摸索出与各地地理、气候条件相适应的煮盐办法。

■ 修建都江堰场面

有建树的水利工程专家。

李冰还成功地开广都盐井，即现在的成都双流盐井。在此之前，蜀地盐开采处于非常原始的状态，多依赖于天然咸泉、咸石。李冰创造凿井汲卤煮盐法，结束了巴蜀盐业生产的原始状况。这也是我国史籍所载最早的凿井煮盐的记录。

李冰还在成都修建了石牛门的市桥、南渡流的万里桥、郫江西的永平桥等7座桥，这些便民设施，极大地改善了当地人的生活。

李冰所做的这一切，尤其是都江堰水利工程，对蜀地社会产生了深远的影响。都江堰的修成，不仅解决了岷江泛滥成灾的问题，而且从内江下来的水还可以灌溉10多个县，灌溉面积达300多万亩。从此，成都平原成为"沃野千里"的富庶之地，获得"天府之国"的美称。

李冰为蜀地的发展作出了不可磨灭的贡献，人们永远怀念他。明代阮朝东撰写的《新作蜀守李公祠碑》说："禹之泽在天下，冰之泽在蜀。蜀人思冰，不异于思禹也。"2000多年来，四川人民把李冰尊为"川主"。

阅读链接

都江堰水利工程是世界水利史上的创举，是人类征服自然的一次胜利，也是科学对迷信的一次胜利。

《史记·河渠书·正义》引《括地志》讲述了这样一个故事：李冰担任蜀郡太守后，为了破除迷信陋习，以自己女儿与江神为婚为由，亲自端着酒杯来到江神祠前敬酒，并厉声斥责江神胡作非为。随即，李冰化为苍牛与江神相斗，终于杀死江神而取得胜利。

李冰治水斗江神的故事流传很广，直至后代都江堰地区的人民还保留着饮酒斗牛的风俗。

中医学开山鼻祖扁鹊

扁鹊（公元前407—前310），姬姓，秦氏，名越人，又号卢医。生于渤海郡郑，即今河北任丘；一说为齐国卢邑，即今山东长清。战国时期著名医家。因为他的医术十分高超，被认为是神医，所以当时的人们借用了上古神话的黄帝时神医"扁鹊"的名号来称呼他。著名的中医典籍《难经》为扁鹊所著。

扁鹊被誉为中医学开山鼻祖，创造了望、闻、问、切四诊法，奠定了中医学的切脉诊断方法，开启了中医学的先河。相传中医典籍《难经》就是他所著。

■ 中医学的开山鼻祖扁鹊画像

轩辕 又名黄帝，轩辕有土德之瑞，尊称为黄帝。少典与附宝之子，取名为轩辕，为轩辕氏。他播百谷草木，大力发展生产，并始制衣冠，建造舟车，发明指南车，定算数，制音律，创办医学等，为中华民族的始祖，人文初祖，我国远古时期部落联盟的首领。

扁鹊医术精湛，所以人们就用传说中的上古轩辕时代的名医"扁鹊"的名字来称呼他。

其实，"扁鹊"是古代医术高超者的一个通用名词。"扁"字的读音，在那时的发音是"篇"，清代学者梁玉绳在《史记志疑》中说，扁鹊之扁是"取鹊飞鶣之意"，即指一只喜鹊在自由自在地飞翔。

按照古人的传说，医生治病救人，走到哪里，就将安康和快乐带到哪里，好比是带来喜讯的喜鹊。所以，古人把那些医术高超、医德高尚的医生称作"扁鹊"。扁鹊医术高明、学识渊博，走南闯北、治病救人，顺理成章地被人们尊敬地称作"扁鹊"。

扁鹊遍游各地行医，擅长各科，在赵国为"带下医"，即妇科；至周国为"耳目痹医"，即五官科；入秦国则为"小儿医"，即儿科。

相传因为邯郸西南妇女多病，扁鹊在那里的时候就花费大部分的时间为妇女治病。洛阳风俗尊重老人。扁鹊在那里就当耳目科医生，替很多老人治好耳聋眼花的疾病。

他到咸阳时，因为那里的孩子多病，就几乎变成儿科的专门医生。这些都说明扁鹊之所以能够精

■ 赵简子（？—前475），即赵鞅，嬴姓，赵氏，原名鞅，后名志父，谥号"简"。政治家、军事家、外交家和改革家。战国时代赵国基业的开创者，郡县制社会改革的积极推动者，先秦法家思想的实践者，与其子赵无恤，即赵襄子并称"简襄之烈"。

通各科和各种医疗技术，是与他这种处处从人们需求出发的热情分不开的。

扁鹊不仅在诊断学上有很大的贡献，而且是医学上的"多面手"。为了能够迅速有效地给人们解除在疾病的上痛苦，满足医疗上的需要，扁鹊还研习和应用砭刺、针灸、按摩、汤液、热熨等方法，效果显著，所以很有医名。

有一次，晋国的赵简子病重，其家人十分惶恐，请扁鹊去给他诊治。扁鹊按过赵简子的脉搏以后，断定赵简子不会死。他给赵简子配了药，又扎了针，果然，不出3天，赵简子就苏醒过来了。

■ 神医扁鹊画像

扁鹊曾经给虢太子治病，当时他就用了针灸、热敷和汤药3种方法进行综合治疗。有一次，扁鹊路过虢国，听说虢君的太子突然昏死过去。他认为这事很可怀疑，要去看个究竟。当扁鹊跑到宫里的时候，大臣们已在替太子办理后事。

扁鹊问明了太子怎样昏死的情况以后，就仔细地察看。他发现太子还有微弱的呼吸，两腿的内侧还没有全冷，因而断定太子不是真死，而是得了"尸厥病"，即类似现代的假死，认为还有治好的希望。

虢国 虢国是西周初期的重要诸侯封国。周武王灭商后，周文王的两个弟弟分别被封为虢国国君，虢仲封东虢，即今河南省荥阳县西汜水镇；虢叔封西虢，即今陕西省宝鸡市东。东虢国于公元前767年被郑国所灭。西虢国于公元前655年被晋国所灭。

■ 扁鹊行医雕像

齐国 我国历史上从西周到春秋战国时期的一个诸侯国。有姜齐和田齐之分。西周时期，周武王封吕尚于齐，史称姜姓齐国，简称姜齐。公元前391年，田成子四世孙田和废齐康公，自立为国君，同年为周安王册命为齐侯。是为田氏齐国，史称田齐。

他就给太子扎针，太子果然醒了过来。扁鹊接着又在太子两腋下施行热敷，不一会，太子就能够坐起来了。虢君万分惊喜，他热泪盈眶，向扁鹊作揖道谢。扁鹊临走时还留下了药方，虢太子按方服了20多天的汤药，便完全恢复了健康。这就是世代传说的扁鹊起死回生的故事。

当时的人都把扁鹊当作神仙来看待。但是扁鹊并不因此而感动骄傲，也不炫耀自己的本领，他说："不是我有什么本领能够把病人救活，而是病人本来就没有死。"

扁鹊看病行医有"六不治"原则：一是依仗权势，骄横跋扈的人不治；二是贪图钱财，不顾性命的人不治；三是暴饮暴食，饮食无常的人不治；四是病重不早求医的不治；五是身体虚弱不能服药的不治；六是相信巫术的不治。

有一次，扁鹊到了齐国，蔡桓公知道他有很高明的医术，就热诚地招待他。扁鹊见了蔡桓公，根据蔡桓公的气色，断定他有病。

他对蔡桓公说："你已经有病了，现在病还在浅表部位，如果不赶快医治，就会加重起来。"

蔡桓公因为自己当时并没有不舒服的感觉，所以不相信扁鹊的话，反以为扁鹊是想借此显示自己的本领，博取名利。

过了5天，扁鹊又看见了蔡桓公，观察到蔡桓公的病已经进入血脉之间，再劝他赶快医治。蔡桓公还是不听。

又过5天，扁鹊又告诉蔡桓公说："你的病已转到了胃肠，如果再拖延不治，恐怕就无法挽救了。"

蔡桓公这一次不仅不听，反而对扁鹊说："我起居同平时一样，没病，请你不要再啰啰唆唆了。"

蔡桓公 即田齐桓公，田氏代齐以后的第三位齐国国君，谥号为"齐桓公"，因与"春秋五霸"之一的姜姓齐国的齐桓公小白相同，故史称"田齐桓公"或"齐桓公午"。在位时曾创建稷下学宫，招揽天下贤士，聚徒讲学，著书立说。

■ 扁鹊医治病人浮雕

名医扁鹊治好魏王重病，魏王称赞扁鹊说："我们兄弟三人，大哥治病于病情未发之时，我最差，只能治病于病情严重之时，上工治未病"之理。

神医扁鹊墓

科学精英与求索发现

秦国 我国春秋战国时期的一个诸侯国。秦在战国初期也比较落后，从商鞅变法才开始改变。公元前325年秦惠王称王。公元前316年秦灭蜀，从此秦正式成为一个大国。公元前246年秦王赵政登基，前238年掌权，开始了他对六国的征服。

又是5天过去了，扁鹊细看蔡桓公的气色，知道他的病情已经到了无法医治的地步了，于是一句话也不说就走开了。

蔡桓公派人去问他为什么走了，他说："病在浅表，可以用汤药医治；病到血脉，可以扎针医治；病到内脏也还不是没有办法；可是现在蔡桓公的病已深入到骨髓，再没有方法可以医治，所以只好退出。"

不久，蔡桓公果然病倒了。他派人去请扁鹊，这时扁鹊已经到秦国去了。蔡桓公终于因为没有听扁鹊的话而病死了。

这就是著名的扁鹊见蔡桓公的故事。

扁鹊治病不是只用望诊和切诊的方法，他同时也很注意从多方面来诊断疾病。他既看舌苔，又听病人说话、呼吸和咳嗽的声音，还问病源和得病前后的种种情况。除了病人以外，他还向病人的家属和亲友细细查询，以求得准确的结论，便于对症下药。这就是上面提到的望、闻、问、切四诊法。这一套诊断方法的建立，是扁鹊在我国医学史上的巨大贡献。

扁鹊为了人们的健康，还提出了一套破除迷信和预防疾病的思想。他认为身体应该好好保养和锻炼，有了病以后要赶紧请医生医治，拖延久了病就会加重起来，以至于不能医治。

扁鹊说，人不怕有病，就怕有了病以后不好好医治，应该懂得轻病好治的道理。他又说，相信鬼神和巫师而不相信医生的人，他们的病是不会治好的。扁鹊在迷信思想还很浓厚的古代，能够毫不犹豫地提出反对相信巫师的看法，是很不容易的。

关于如何预防疾病，扁鹊告诉大家，健康时就要注意冷暖，节制饮食，胸襟要舒畅，不能动怒生气等。在今天看来，这些也都是合乎科学的。

扁鹊为了使自己的医术能够保存下来，很注意培养徒弟。子阳、子豹、子问、子明、子游、子仪、子越、子术、子容等人，都是他的著名的徒弟，其中子

诸侯国 一般指我国历史上秦朝以前分封制下，由中原王朝的最高统治者天子对封地的称呼，也被称为"诸侯列国""列国"；封地最高统治者被赐予"诸侯"的封号。现代多数情况，"诸侯"和"诸侯国"混淆使用。

015

上古时期

科学鼻祖

■ 扁鹊庙

仪还著有《本草》一书。

　　扁鹊所处的年代，正是生产力迅速发展和社会发生着激烈变革、动荡的年代，也是人才流动，人才辈出的时代，各诸侯国都在竞争人才。秦国为了广招贤能，采取了兼收并取之法，除重视治理国家的人才外，对医生也很尊重，给予医生以极好的待遇，各国名医纷纷到秦，扁鹊就是在这种情况下成为秦人的。

　　扁鹊在秦国时，有一次秦王有病，就召请扁鹊来治。就在扁鹊给秦王施治时，太医令李醯和一班文武大臣赶忙出来劝阻，说什么大王的病处于耳朵之前，眼睛之下，扁鹊未必能除，万一出了差错，将使耳不聪，目不明。

　　扁鹊听了气得把治病用的砭石一摔，对秦王说："大王同我商量好了除病，却又允许一班蠢人从中捣乱；假使你也这样来治理国政，那你就会亡国！"

　　秦王听了只好让扁鹊治病。李醯看到自己治不好的病，到了扁鹊手里却化险为夷，自知不如扁鹊，就产生嫉恨之心，使人暗下毒手，

扁鹊殿寺庙石碑

最后杀害了扁鹊。就因为这件事，有一天李醯驾车出门，愤怒的人们把他包围起来，要不是他的卫兵保护，这个卑鄙无耻、阴险毒辣的杀人犯，准会被大家打死的。

药王庙内的扁鹊塑像

扁鹊虽然被暗害了，但他在医学上的贡献，随着历史的发展，一天比一天发扬光大。到汉朝的时候，扁鹊的医疗理论和经验，被总结成一部医学的经典著作，书名叫作《难经》，一共有80篇，其中有《脉经》《经络》《脏腑》《病理》《穴道》《针法》等。一个对人民真正有所贡献的人，不管时间隔得多久，他不但不会被忘掉，而且能够得到人民的尊敬和怀念。扁鹊就是这样的一个人。所以即使到了现在，人们永远怀念着他。

阅读链接

据说扁鹊的老师是一个医术超高的人。

扁鹊少年时期在故里做过舍长，即旅店的主人。当时，在扁鹊的旅舍里有一位长住的旅客，名叫长桑君，两个人过往甚密，感情融洽。

长期交往以后，长桑君终于对扁鹊说："我掌握着一些秘方验方，现在我已年老，想把这些医术及秘方传授于你，你要保守秘密，不可外传。"

扁鹊当即拜长桑君为师，并继承其医术，终于成一代名医。扁鹊成名后，周游各国，为人治病，医名甚著，成为先秦时期医家的杰出代表。

天文学的先驱甘德

　　甘德，战国时山东人。大约生活于公元前4世纪中期。先秦时期著名的天文学家，我国天文学的先驱之一，是世界上最古老星表的编制者和木卫二的最早发现者。他著有《天文星占》8卷、《岁星经》等。

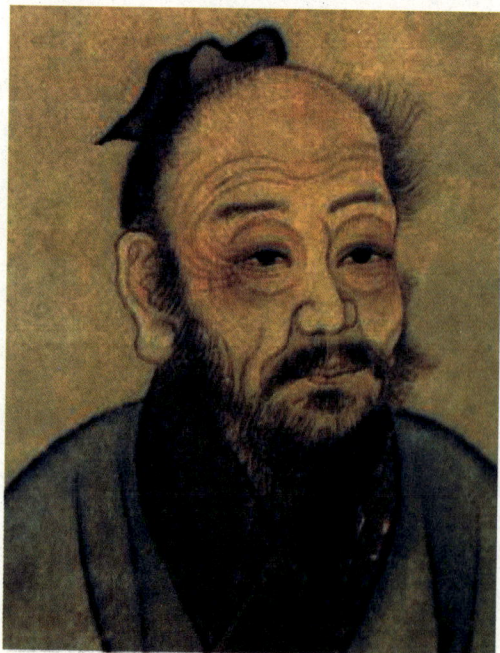

　　后人把他与石申各自写出的天文学著作结合起来，称为《甘石星经》，是现存世界上最早的天文学著作。这些著作的内容多已失传。

　　甘德还以占星家闻名，是在当时和对后世都产生重大影响的甘氏占星流派的创始人，他的天文学贡献同其占星活动是相辅相成的。

■战国时期著名天文学家甘德画像

我国是天文学发展最早的国家之一。由于农业生产和制定历法的需要，我们的祖先很早以前便开始观测天象，并用以定方位、定时间、定季节了。

春秋战国时期，天文历法有了较广泛的发展和进步。史学家司马迁在《史记历书》中说：

幽厉之后，周室微，陪臣执政，史不记时，君不告朔，故畴人子弟分散，或在诸夏，或在夷狄。

019

上古时期

科学鼻祖

■司马迁 （公元前145年或前135—约前87），字子长。生于西汉时夏阳，即今陕西省韩城西南靠近龙门。西汉史学家、文学家。所著《史记》是我国第一部纪传体通史，被鲁迅称为"史家之绝唱，无韵之离骚。"

这里的"畴人"系指世代相传的天文历算家。当时各诸候国出于农业生产和星占等需要，都十分重视天文的观测记录和研究。据《晋书天文志》记载：

鲁有梓慎，晋有卜偃，郑有裨灶，宋有子韦，齐有甘德，楚有唐昧，赵有尹皋，魏有石申夫，皆掌著天文，各论图验。

这种百家并立的情况对天象的观测以及行星恒星知识的提高，无疑起着积极的推动作用。

在诸家之中，最著名的是甘德与石申夫两家。他们属同一时期的人。

甘德与石申精密观测金、木、水、火、土5个行

恒星 是由炽热气体组成的，能自己发光的球状或类球状天体。我们所处的太阳系的主星太阳就是一颗恒星。天文学家经由观测恒星的光谱、光度和在空间中的运动，可以测量恒星的质量、年龄、金属量和许多其他的性质。

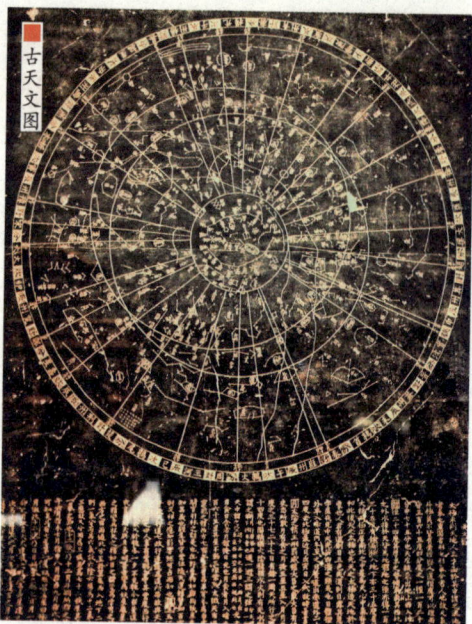
古天文图

星的运行，发现了5个行星出没的规律。他们发现黄道附近恒星的位置及其与北极的距离，是世界上最早的恒星表，代表了当时最高的天文学水平。

相传，甘德测定的恒星有118座，共511颗。甘德对行星运动进行了长期观察和定时研究。他测出了木星的一个会合周期为400天，木星的恒星周期为12年，他还测出了金星的会合周期为587天，水星的会合周期为126天，火星的恒星周期为1.9年。

甘德的另一重大贡献是，在前364年用肉眼观测到了木星最亮的卫星——木卫二，比伽俐略1609年发明了天文望远镜之后才发现木星卫星早了近2000年。此外，甘德还著有先秦浑天思想的代表作《浑天图》，以及《天文星占》8卷、《甘氏四七法》等作品。

阅读链接

关于甘德是战国时哪国人，有两种说法。一说他是楚国人；一说他是齐国人。

其中，司马迁说他是齐国人。《史记·天宝书》记载："昔之传天数者……在齐，甘公；……魏，石申。"

而裴骃《集解》引徐广说："或曰甘公名德也，本是鲁人。"张守节《正义》则称："《七录》说：楚人。"

那么，这是不是甘德的籍史有分歧呢？

其实，甘德本是鲁人，在齐国为官或游学，故称"在齐"；鲁国后为楚地，故又有楚人说。因为甘德的天文学成就主要是在齐国完成，所以他应是齐国学者。

科学鼻祖

科学精英与求索发现

战国天文学家石申

石申，生卒年待考。又名石申夫，公元前4世纪魏国人。战国天文学家、占星家。他著有《天文》8卷，与甘德所著的《天文星占》合称《甘石星经》，后世许多天文学家在测量日、月、行星的位置和运动时都要用到《甘石星经》中的数据，因此，《甘石星经》在世界天文学史上占有重要地位。

由于石申对天文学研究所作出的杰出贡献，国际月面地名命名委员会便把月球背面的一座环形山命名为"石申山"。

● 天文学家石申画像

岁星 也称木星，是太阳系八大行星之一，距太阳由近及远的顺序为第五，为太阳系体积最大、自转最快的行星。木星在太阳系的八大行星中体积和质量最大，它有着极其巨大的质量，是其他七大行星总和的2.5倍还多，是地球的317.89倍，而体积则是地球的1316倍。

石申，生于公元前4世纪，据《史记·天官书》记载，在我国的战国时期，著名的天文学家有4位：

在齐，甘公；楚，唐昧；赵，尹皋；魏，石申。

这里提到的魏国人，便是石申。《史记》中还说，这4位天文学都有占星术的著作，在他们的著作中，还同时记录着战国时期的战乱形势，记录着政治事件的各种各样的说法，即：

田氏篡齐，三家分晋，并为战国。争于攻取，兵革更起，城邑数屠，因以饥馑疾疫焦苦，臣主共忧患，其察视祥候星气尤急，近世十二诸侯七国相王，言从（纵）衡者继踵，而皋、唐、甘、石因时务论其书传，故其占验凌杂米盐。

《史记正义》中还引南朝时代梁阮孝绪的《七录》说：

石申，魏人，战国时作《天文》八卷也。

这里提到的《天文》8卷就是和甘德所著的《天文星占》合称《甘石星

■ 甘石观星

经》的作品。不过，据说，这部《天文》8卷后来并没能完整地保存下来。

不过，在《汉书·天文志》中引述的石申著作的零星片断，可以使我们窥见石申在天文学和占星术两个方面的研究内容：

岁星赢而东南，《石氏》"见彗星"，……赢东北，《石氏》"见觉星"；缩西市，《石氏》"见檀云，如牛"；缩西北，《石氏》"见枪云，如马"。《石氏》"枪、檀、棓、彗异状，其殃一也，必有破国乱君，伏死其辜，余殃不尽，为旱、凶、饥、暴疾"。

■ 古浑天合七政仪模型

从这些片断可以知道，石申在天文学方面的贡献，是他与甘德所测定并精密记录下的黄道附近恒星位置及其与北极的距离，是世界上最古的恒星表。

相传他所测定的恒星，有138座，共880颗。从唐代《开元占经》中保存下来的石申著作内容看，其中最重要的是标有"石氏曰"的121颗恒星的坐标位置。现代天文学家根据对不同时代天象的计算来验证，表明其中一部分坐标值可能是汉代所测；另一部分，如二十八宿距度等则确与公元前4世纪，即石申

黄道 地球绕太阳公转的轨道平面与天球相交的大圆。由于地球的公转运动受到其他行星和月球等天体的引力作用，黄道面在空间的位置产生不规则的连续变化。但在变化过程中，瞬时轨道平面总是通过太阳中心。

古观象台纪限仪

的时代相合。

同时，石申与甘德在战国秦汉时影响很大，形成并列的两大学派。汉、魏以后，石氏学派续有著述，这些书都冠有"石氏"字样，如《石氏星经簿赞》等。

三国时代，吴太史令陈卓总合石氏、甘氏，以及殷商时代的天文学家巫咸为三家星官，构成283官、1464星的星座体系。从此以后，出现了综合三家星官的占星著作，其中有一种称为《星经》，又称为《通占大象历星经》，曾收入《道藏》。

该书在宋代称《甘石星经》，托名为"汉甘公、石申著"，始见于晁公武《郡斋读书志》的著录，流传至今。书中包括巫咸这一家的星官，还杂有唐代的地名，因此，后来的《甘石星经》并不能看作是石申与甘德的原著。

阅读链接

月球背面的环形山，都是用已故的世界著名科学家的名字命名的。

其中选用了5位中国人的名字，因为石申对天文学研究作出了杰出贡献，所以他的名字也登上了月宫。

以石申命名的环形山，位于月球背面西北隅，离北极不远，月面坐标为东105°、北76°，面积350平方千米。

秦汉至隋唐是我国历史上的中古时期。在这一时期，各个学科涌现出许多精英：

有总结农耕技术的氾胜之和贾思勰，有展示传统医学成就的张仲景和贾思勰，有取得天文历法成果的刘洪、刘焯和一行，有对数学作出巨大贡献的刘徽和祖冲之，有奠定地理、水文学科基础的郦道元。

这些身处前沿的治学奇才支撑起我国中古时期的学科大厦，使华夏文明放射出灿烂的光华。

中古时期

创造大师

我国第一位农学家氾胜之

氾胜之，生于西汉时氾水，即今山东省曹县北。汉代农学家，也是我国历史上第一位农学家。氾胜之对农业科学的贡献是多方面的。他大力推广种子穗选法，要求在田间选择籽粒又多又饱满的穗留作种子。他发明推广了在种子上粘上一层粪壳作为种肥，其原理直至今天还在应用。

所著《农书》，总结我国古代黄河流域农业生产经验，记述耕作原则和作物栽培技术，是我国传统农学经典之一。它奠定了我国传统农学作物栽培的基础，对促进我国农业生产的发展，产生了深远影响。

■ 著名古代农学家氾胜之画像

氾胜之的先人本姓凡，在秦统一天下的过程中，为躲避战乱，举家迁往氾水，因此改姓氾。

氾胜之在汉成帝时出任议郎，在包括整个关中平原的三辅地区推广农业，教导种植冬小麦，而且颇有成效，许多热衷于农业生产的人都前来向他请教，关中地区的农业因此取得了大丰收。他总结农业生产经验，写成了农书18篇，这就是著名的《农书》。

《农书》在《隋书·经籍志》《新唐书·艺文志》《旧唐书·经籍志》和《通志》中都有著录，之后失传，只有《齐民要术》《太平御览》等北宋以前的古书摘录了此书中的内容。经19世纪前半期至20世纪50年代辑集之后，整理出约3700字，这就是今天见到的氾胜之的《农书》，它展现了古代农业生产的技术与创新。

《农书》强调，农作物栽培要遵循基本环节。西汉时期，人们已经认识到农作物的生产是多种因素的综合，是各种栽培技术的综合。在整个作物栽培过程中，要注意6个不可分割的基本环节，即趣时、和土、务粪、泽、早锄和早获。

趣时就是不误农时，栽培作物要不早不晚，与气候时令同步。和土就是使土壤疏松，有良好的结构。土壤好，庄稼就长得好；土壤不好，庄稼当然就长得

■ 古代农耕图

氾水 古水名。故道在今山东省曹县西北20千米和定陶县分界处。从古济水分出，东北流至定陶县北，注入古菏泽。汉代时有氾胜之在这里发展农业生产。公元前202年，汉高祖刘邦在氾水之畔的定陶即位，古迹遗有定陶县仿山乡姜楼村的官崮堆。

古代农耕图

科学精英与求索发现

时令 泛指季节。古时按季节制定有关农事的政令。我国大多数习俗都与时令有关。比如"春分不砍柴","春分"是农业二十四节气的第四节气,人们说这天是百鸟分山的日子,如打动草木,庄稼必遭鸟害。今天很多地方仍保留此习俗。

差。务粪和泽,就是注意及时施肥和灌溉。早锄和早获,就是及时锄草,及时收获。

《农书》注重应用综合农作物栽培技术,讲到了粮食和饲料等12种作物的栽培方法,以及从整地、播种到收获的各个环节的操作要领。书中强调了栽培方法要根据作物而定,不同作物必须有不同的栽培方法,不能千篇一律。

每种作物的栽培方法都不相同,甚至差别很大,这是因为作物生长期有长短,成熟有早晚,有的需要水多,有的耐旱,有的春种秋收,有的秋种夏收,有的抽穗结实,有的在地下结果。作物的生长方式不同,栽培技术自然也不同。

另外,麦、稻中耕除草的方法也不同。比如冬小麦和水稻的栽培方法就不一样。

首先是播种时间不同。在关中地区,冬小麦在夏至后70天播种,水稻是冬至后110天播种。其次是麦、稻的需水量相差很大。如果秋天有雨,地里墒情好,麦地就不用浇水;水稻则不同,从播种到成熟,都不可缺水。

由于稻田里水的温度对水稻生产有很大的影响,

因此需要采取措施控制水温。

氾胜之的办法是通过调节田埂的进、出水口控制水温。当需要水温高一些时，就把进、出水口上下相对地开在一条直线上，使水局部地在这一直线上通过，就可以避免整块田的水温下降；当需要降低水温时，就把进、出水口错开，这样，新进来的低温水在流经整块稻田的过程中带走热量，使稻田里的水温降低。

关于整地改土技术，《农书》认为，通过整地达到松土保墒，改良土壤的目的，这是氾胜之在继承前人经验的基础上作出的新贡献。

《农书》要求，整地要提前进行，春种地要进行秋耕和春耕，秋种地要进行夏耕，使整个耕作层有良好的土壤结构。为了防旱保墒，要特别注意选择耕地的时间，避免秋冬干耕，春冻未解就早耕，冬季要积雪保雪。

《农书》还提到耕完之后，要让耕地长草，然后再耕一次，将草埋在地下。这种做法是应用绿肥的开端。既利用了有机质，又消灭了杂草，这是我国利用绿肥改良土壤的独特技术。

对于选种留种技术，氾胜之已认识到母强子良，母弱子病的种苗关系。有好种才有好苗，有

■ 古代农具

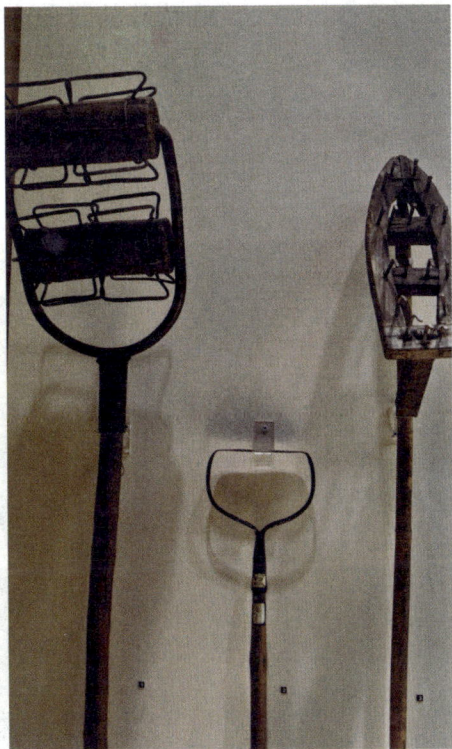

科学精英与求索发现

殷商 又称殷、商，我国历史上第二个朝代，是我国第一个有直接的同时期的文字记载的王朝。商朝处于奴隶制鼎盛时期，奴隶主贵族是统治阶级，形成了庞大的官僚统治机构和军队。

绿肥 是作肥料的绿色植物体。对改良土壤有很大作用，比如：为农作物提供养分；增加土壤有机质；可以减少养分损失，保护生态环境；可改善农作物茬口，减少病虫害；提供优质饲草，发展畜牧业。

■ 古代农耕图

好苗才能高产。为了获得良种，必须懂得选种留种技术。

氾胜之认为，选种的标准是生长健壮，穗形相同，籽粒饱满，成熟一致。选种要在作物成熟后、收获以前到田间去选。选好的种子不能跟非种子混杂，要单收、单打、单藏。

收藏种子要防止霉烂，防止虫害。因此在收藏前要把种子晒干扬净。特别是要保存过夏天的麦种，更要用药防虫。

对于施肥技术，《农书》也作了总结。施肥技术在我国发展很早，据说殷商时已有施肥的记录。然而明确认识施肥是为了供给作物生长的养分，改善作物所需要的土壤条件，又将肥料分作基肥、种肥、追肥和特殊的溲种法等，这都是秦汉时才有的，由氾胜之在此书中作了总结。

对于中耕除草与嫁接技术，氾胜之以为，中耕除草有间苗、防冻、保墒、增产这4个作用。

汉代农忙画像砖

以小麦为例，当麦苗显出黄色时，那表明太密了，要通过中耕除草把麦苗锄稀些。秋锄后，要用耙耧把土壅在麦根上，这样可以保墒、保温、防冻。麦苗返青时要锄一次。榆树结荚时，地面干成白色，又要锄一次。小麦经过三四次中耕除草，会使产量成倍地增加。

氾胜之又以种葫芦为例，记述了西汉的嫁接技术。当葫芦苗长到2尺多长时，便把10根茎蔓捆在一起，用布缠绕5寸长，外面用泥封固。不过10日，缠绕的地方便合为一茎，然后选出一根最强壮的茎蔓让它继续生长，把其余9根茎蔓掐去，这样结出的葫芦又大又好。

对于轮作、间作与混作技术，《农书》中记述了西汉农作物的轮作、间作与混作技术。如谷子收获以后种麦；瓜田里种韭菜、小豆；黍与桑葚混播，桑苗生长不受妨碍，还能多收一季黍。这些技术的采用，提高了土地利用率，达到了增产增收的目的。

对于创新区种法，《农书》也作了说明。区种法是一种高产栽培方法，主要是依靠肥料的力量，不一定非要好田。即使在高山、丘陵上，在城郊的陡坡、土堆、城墙上都可以做成区田。

《农书》依据不同的地形，采用了两种区田布置方法，一是带状区种法；二是方形区种法。两种布置方式都要求等距、密植、全苗、施肥充足、浇水及时，以及精密的田间管理。这样，据说小麦亩产可达4187斤。这个数字显然夸大了，但它却给后世指出了精耕细作、提高单位面积产量的方向。

《农书》所记载的农业科技成就，显示了秦及西汉时期的农业科学技术水平，对北方旱作农业产生了深远的影响。

在氾胜之的《农书》以后，有关区田的著作有10多种，曾有人将这些书籍归纳为《区种五种》和《区种十种》出版。此书中的区田法，其影响尤为深远，金代曾以行政力量，在黄河流域推行。明清时代也有不少人倡议实行。现代陕西、山东等地所采用的"掏钵种"或"窝种"，其原理与区田法是一致的。

氾胜之的《农书》中，所列举的作物栽培方法，奠定了我国传统农学作物栽培总论和各论的基础，而且其写作体例也成了我国传统综合性农书的重要范本。从《齐民要术》到《王祯农书》，再到《农政全书》莫不如此。凡此种种，足以证明农学家氾胜之对我国农学的巨大贡献。

阅读链接

氾胜之具有突出的重农思想。

他说："神农之教，虽有石城汤池，带甲百万，而又无粟者，弗能守也。夫谷帛实天下之命。"把粮食布帛看作国计民生的命脉所系，是当时一些进步思想家的共识。

氾胜之的特点是把推广先进的农业科学技术作为发展农业生产的重要途径。他曾经表彰一名佚名的卫尉："卫尉前上蚕法，今上农法。民事人所忽略，卫尉勤之，忠国爱民之至。"

在这里，他把推广先进农业科技，发展农业生产上升到"忠国爱民"的高度。

世界级医学伟人张仲景

　　张仲景（约154—约219），名机，字仲景。生于东汉时南阳郡涅阳县，即今河南省邓州市和镇平县。东汉伟大的医学家。世界医史伟人，被奉为"医圣"。张仲景广泛收集医方，写出了传世巨著《伤寒杂病论》。它确立的辨证论治原则，是中医临床的基本原则，是中医的灵魂所在。

　　张仲景所著的《伤寒杂病论》，是中医史上的第一部理、法、方、药俱备的经典，是我国医学史上影响最大的著作之一，也是后世学者研习中医必备的经典著作，广泛受到医学生和临床大夫的重视。

■ 被后世誉为"医圣"的张仲景画像

张仲景儿时就很聪颖，成年后拜同郡张伯祖为师学医，颇有造诣，时人称赞他的医术已超越老师。

在那个战争频繁的年代，疾病流行。当时著名的"建安七子"中，徐干、陈琳、应玚、刘桢皆因传染病而死，可见疾疫流行的严重程度。当时人们对疾病的认识却是错误的，一些患病之家迷信巫术，总是企图用祷告驱走病魔。

医生得不到临床实践机会，所以很少研究医术，而终日却以主要精力结识豪门，追求名利，这样医学当然很难得到发展。

在这样的历史背景下，张仲景深有感触，决心解决危害人们的疾病问题。为此，他从阅读《素问》《九卷》《八十一难》《阴阳大论》等前代古籍入手，在"勤求古训、博采众方"的基础上，经过多年临床实践的验证，最终写成了《伤寒杂病论》一书。

《伤寒杂病论》原书16卷，因战乱关系，书籍曾经散佚，现存的张仲景著作是经西晋太医王叔和整理过的。计整理出《伤寒论》10卷、《金匮玉函经》8

科学精英与求索发现

■ 王叔和（201—280），名熙，西晋高平，即今山东邹城人。魏晋之际的著名医学家、医书编纂家。在中医学发展史上，他作出了两大重要贡献，一是整理《伤寒论》，一是著述《脉经》。

卷、《金匮要略方》3卷。

上述书籍，《金匮玉函经》在北宋以后流传并不广泛，研究者很少，《伤寒论》和《金匮要略方》则流传日广。特别是《伤寒论》，在北宋时研究者开始增多，其学术内容是多方面的。

首先，《伤寒论》确立了辨证施治基础。《伤寒论》发展了《内经》学说，确立以"六经"作为辨证施治的基础。"六经"辨证原是《素问·热论篇》根据古代阴阳学说在医学中运用而提出的辨证纲领。

■ 张仲景画像

"六经"是指太阳、阳明、少阳、太阴、少阴、厥阴，是按照外感发热病起始后，在发展过程中出现的各种症状，并结合患者体质强弱的不同，脏腑和经络的生理变化，以及病势进退缓急，加以分析综合得出的对疾病的印象。

太阳、阳明、少阳是指表、热、实证；太阴、少阴、厥阴是里、寒、虚证。

凡病之初起，疾病在浅表，出现热实现象的，如脉浮，头项强痛而恶寒者，属于阳证的便称太阳病。凡病邪入里，病情属于阳证，并表现胃中燥实，大便干燥、发热谵语、口渴、舌苔黄厚等属热实在里，称阳明病。

另一种既非表证，又非里证，症状表现为口苦、

脏腑　指人体的内脏器官，为五脏和六腑的统称。古人把内脏分为五脏和六腑两大类：五脏是心、肝、脾、肺、肾；六腑是胆、胃、大肠、小肠、膀胱和三焦。此外还有一个心包络，它是心的外卫，在功能和病态上，都与心脏相互一致，因此，它也属于脏。

南阳张仲景祠

科学精英与求索发现

脉象 指脉搏的形象与动态，为中医辨证的依据之一。脉象可以反映疾病的所在部位，邪气的进退、正气的盛衰。因此，结合其他各种诊察手段来分析病人的脉象，对于辨析病情、判断预后及提供临床治疗依据等方面，都是重要的内容。

咽干、目眩、胸胁苦满、寒热往来的半表半里状态，也属阳证范畴，称少阳病。

所谓三阴病，一般多是三阳病转变而来，特点是不发热，症状表现虚寒现象。如腹满、呕吐、腹泻、口不渴、食不下等称太阴病；如疾病出现脉象微细、四肢厥逆、怕冷、喜热饮，说明气血虚弱，称少阴病；还有一类疾病多因误治，呈现上热下寒，忽厥忽热，饥而不思食，或下利不止，手足厥冷，呈现寒热错杂现象的称厥阴病。

上述按"六经"症候的分类并不是孤立的6种证候，而是它和人体脏腑、经络、气化各方面都有机地联系起来进行观察认识的。从总的方面说，三阳表示肌体抵抗力强，病势亢奋。三阴病表示肌体抵抗力弱，病势虚弱。

"六经"辨证的治疗，各有一定治则。如太阳病按证候又有中风、伤寒、温病之分。

凡无汗、脉紧的，属表实，方用麻黄汤发汗，开腠理，驱寒邪。如脉浮缓，有自汗，属表虚，则用桂枝汤解肌发汗。其他按证立方。

属于阳明病的，主要指的是胃有实热或邪热蕴里，又有阳明经证和阳明腑证之分。前者身热，汗自出，不恶寒，反恶热者，治疗以白虎汤清热保津为主；后者，症见身烧壮热，或潮热，手足有汗，绕脐痛，大便秘结，小便黄赤，故治疗以用三承气汤攻下燥结为主。

少阳病邪在半表半里之间，故以大、小柴胡汤为主方。至于三阴病，因属虚寒、虚热之证，疾病起因多属寒邪直中少阴，以及年老虚弱抗邪乏力之人，病情均较险峻。

另一种则为传经之邪，因误治而呈现身体蜷缩，

证候　中医学的专用术语。证的外候，即疾病过程中一定阶段的病位、病因、病性、病势及机体抗病能力的强弱等本质有机联系的反应状态，表现为临床可被观察到的症状等。

■ 张仲景看病场景蜡像

■ 张仲景墓

方剂 在辨证、辨病，确定治法的基础上，根据组方原则和结构，选择适宜药物组合而成的药方和制剂。我国古代很早已使用单味药物治疗疾病。经过长期的医疗实践，又学会将几种药物配合起来，经过煎煮制成汤液，即是最早的方剂。

手足厥冷、昏沉萎靡或下利不止，脉象不清等，是危重之象。法以理中汤、四逆汤或附子汤为主方，取温通中阳和回阳救阴之效。

张仲景"六经"证治，乃是在当时疾病流行之时，通过医疗实践总结的一个热病治疗的总规律。

其次，《伤寒论》创造了"八纲"辨证的诊断方法。《伤寒论》在辨证论治方面也有重要创造，这就是诊断疾病时，以阴、阳、表、里、寒、热、虚、实为纲，通称"八纲"，"八纲"中阴、阳为总纲。

表、热、实属阳；里、寒、虚属阴。凡外感疾病，对身体壮实的人来说，病邪多从阳化，形成表、热、实证。而对身体虚弱的人来说，病邪多从阴化，成为里、寒、虚证。

"八纲"辨证的诊断方法是应用望、闻、问、切四诊法。从观察病人面色、形体、舌质，聆听病人声音，嗅闻排泄物气味，询问病史，现有病情，以及通过切脉、诊肌肤，了解病情的诸方面，从而判断疾病的深浅程度，病象的寒热、盛衰印象，然后分别疾病所属三阳、三阴的某一类型。

张仲景的《伤寒论》非常重视疾病的变化和假象。如一些症状，类似实热证候，而脉象却呈现沉细无力的，或如四肢厥逆者，而脉象却呈现沉滑有力的，都是真寒假热或真热假寒现象，《伤寒论》有多条例证。

另外，张仲景认为在诊断病情时，脉象和证候要互相参证取得病情依据，有时要根据症状诊断病情，有时要根据脉象诊断病情。

最后，《伤寒论》给出了用药方法。《伤寒论》在用药方法上是多种多样的，可归纳为汗、吐、下、和、温、清、补、消8种方法。也可说是按照病情用药时的8个立方原则，通称"八法"。针对不同病情，可分别采取汗下、温清、攻补或消补的给药方法，也可分别并用。

凡寒证用热药或热证用寒药，为"正治法"。如疾病出现前面所说的真寒假热或真热

切脉 又称为把脉，是中医师用手按病人的动脉，根据脉象，以了解疾病内在变化的诊断方法。脉象是中医辨证的一个重要依据，对分辨疾病的原因，推断疾病的变化，识别病情的真假，判断疾病的预后等，都具有重要的临床意义。所以，把脉作为我国的传统文化流传至今。

■ 张仲景故里

科学精英与求索发现

六经辨证 以阴阳为总纲，用太阳、阳明、少阳、太阴、少阴、厥阴作为辨证纲领，从邪正盛衰、病变部位、病势的进退缓急等方面对外感病进行分析辨别，并用以指导临床治疗的辨证方法。几千年以来，它有效地指导着中医学的辨证施治实践。

■ 南阳医圣祠

假寒现象，可采取凉药温服，热药冷服，或者凉药中少佐温药，温药中少佐凉药。这称为"反治法"。

《伤寒论》一书所体现的治疗方法是多种多样的，是依据临床实际制订治疗方案的。有时先表后里，有时先里后表，或表里同治，极为灵活变通。后世总结该书共包括397法，113方。

其中"扶正祛邪""活血化淤""育阴清热""温中散寒"等治疗方法，对后世学者有很大启发，得到广泛应用。

《伤寒杂病论》成书以后，对后世医学的发展影响极大。其中，"六经辨证"论治的体系，具有极高的临床实用价值。其系统的辨证施治思想不仅对外感热病的诊治具有指导意义，而且广泛适用于中医临证各科。

"八纲"辨证是在《内经》理论的指导下，对"六经"辨证内容在另一个理论高度上加以系统化、抽象化，是"六经"辨证的继承和发展；脏腑辨证为后世脏腑辨证理论体系的最终形成，奠定了良好的基础。温病学说实为伤寒学说的发展和补充，二者相互补充，使中医外感病症治疗体系趋于完善；本草学说为后世本草学的研究，开创了一个新局面；方剂学成就基本包括了临床各科的常用方剂，故被誉为"方书之祖"。

张仲景蜡像

总之，《伤寒杂病论》所确立的辨证论治原则和收录的著名方剂等，被历代医家奉为圭臬，因而该书实为后世临证医学之基石。

阅读链接

张仲景在任长沙太守期间，对前来求医者总是热情接待，细心诊治，从不拒绝。开始他是在处理完公务之后，在后堂或自己家中给人治病；后来由于前来治病者越来越多，使他应接不暇，于是他干脆把诊所搬到了长沙大堂，公开坐堂应诊，首创了名医坐大堂的先例。

后来，人民为了怀念张仲景，便把坐在药店内治病的医生通称为"坐堂医"。这些医生也把自己开设的药店取名为"××堂药店"，这就是中医药店称"堂"的来历。

与月同辉的天文学家刘洪

刘洪（129—210），字元卓。生于东汉时泰山郡蒙阴，即今山东省蒙阴县。汉代杰出的天文学家和数学家。刘洪的才能，当时朝廷的十分重视。《后汉书》说：洪善算，当世无偶。

刘洪的主要成就在天文历法上，大都记录在《乾象历》中。其中月亮运动和交食的研究成果最为突出，堪称与月同辉的天文学家。

刘洪的另一个重要成就是和文学家蔡邕一起补续了《汉书·律历记》，其中许多资料被都被后来的《续汉书·律历记》所采用。

■ 我国古代天文学家刘洪画像

■ 光武帝刘秀 （前5—前57），东汉王朝开国皇帝，我国历史上著名的政治家、军事家。在位33年。谥号"汉光武皇帝"，庙号汉世祖，葬于河南省孟津原陵。在位期间大兴儒学、推崇气节，开创"光武中兴"的治世，被后世史家推崇为我国历史上"风化最美、儒学最盛"的时代。

刘洪是汉光武帝刘秀侄子鲁王刘兴的后代，自幼受到了良好的教育，青年时期曾任校尉之职，对天文历法有特殊的兴趣。160年，他的天文历法天赋渐为世人所知，被调任太史部郎中，执掌天时、星历。

此后10余年，他积极从事天文观测与研究工作，奠定了坚实的天文历法基础。在此期间，他与参与人一起测定了二十四节气，以及太阳所在恒星间的位置、午中太阳的影长等天文数据。

约174年，刘洪关于太阳、月亮和"金、木、水、火、土"五大行星的天文学专著《七曜术》，引起了朝廷的重视。汉灵帝特下诏派太史部官员对其校验。刘洪依据校验结果，对原术进行了修订，写成《八元术》。测量天文数据和写成天文学著作，是他步入天文历法界的最初贡献。

鉴于刘洪在天文历算上的造诣，蔡邕推举他到东观一同编撰《东汉律历志》。蔡邕善著文、通音律，刘洪精通历理和算术，两人优势互补，出色地完成了编撰任务。刘洪随即提出的改历之议虽然并未获准，但他却因此名声大振，成为当时颇负盛名的天文学家。

汉灵帝 （156—189），即刘宏，字大。东汉第十一位皇帝。谥号"孝灵皇帝"，葬于文陵。汉灵帝与其前任汉桓帝的统治时期是东汉最黑暗的时期，诸葛亮的《出师表》中就有蜀汉开国皇帝刘备每次"叹息痛恨于桓灵"的陈述。

此后，他主持评议王汉提出的交食周期的工作，又参与评议冯恂和宗诚关于月食预报和交食周期的论争。刘洪以其渊博的学识和精当的见解，均获得高度赞誉。不久，他初步完成并献上他的《乾象历》。

由于历中对月亮运动的描述，具有明显的优越性和可靠性，当即被采纳，取代了东汉《四分历》中的月行术。

约189年，汉灵帝任刘洪为山阳郡。在这以后大约10年的时间里，刘洪努力料理繁重政务的同时，继续改良和完善他的《乾象历》，并注意培养学生，力图使对天文历法的研究后继有人。

当时著名的学者郑玄、徐岳、杨伟、韩翊等人都曾先后出其门下，这些人后来为普及或发展《乾象历》均作出了各自的贡献。

206年，刘洪最后审定完《乾象历》，把积累多

■《乾象历》竹简

年的研究结果加了进去。虽然刘洪生前没有看到《乾象历》的正式颁行，但他数十年心血没有白费，经徐岳的学生阅泽等人的努力，《乾象历》于232年至280年正式在东吴颁行。

刘洪的《乾象历》创新颇多，不但使传统历法面貌为之一新，且对后世历法产生了巨大影响。至此，我国古代历法体系最后形成。刘洪作为划时代的天文学家而名垂青史。

刘洪的《乾象历》，确立了很多历法概念及经典的历算方法，是我国古代历法体系最终形成的标志，其中对月亮运动和交食的6项研究成果，具有划时代的意义。

第一项成果：提出朔望月和回归年长度两值偏大。刘洪在研究中发现，根据前人所取的朔望月和回归年长度值推得的朔望弦晦及节气时刻，总滞后于实测值。经过数十年潜心研究，他大胆提出上述两值均偏大的正确结论，并进行修正。

刘洪通过实测，用推算出的新数据取代旧数据，不仅具有提高准确度的科学意义，而且他那种敢于突破传统观念、打破僵局的勇敢态度为后来者树立了很好的榜样。

第二项成果：刘洪确立近点月概念和它的长度计算方法。

刘洪在《乾象历》中对月亮近地点的移动作了精

朔望月 又称"太阴月"。月球连续两次合朔的时间间隔，为月相盈亏的周期。当月亮处于太阳和地球之间时，我们无法看到月亮，这就是"朔"；而当地球处于月亮与太阳之间时，月亮被太阳照亮的半球朝向地球，这就是满月，也就是"望"。

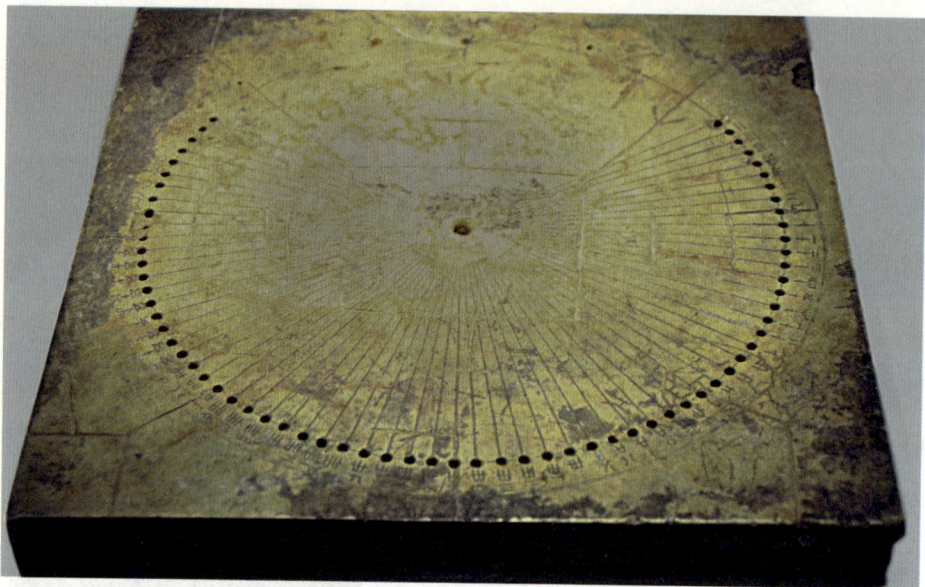

科学鼻祖

科学精英与求索发现

■ 汉代玉盘日晷

辟的总结，得出了独特的定量描述方法。月亮的运动有迟有疾，其近地点也不断向前移动。

刘洪经过测算，得出月亮每经一个近点月时，近地点前推进的数值，又进一步建立了计算近点月长度的公式，并明确给出了具体数值。我国古代的近点月概念和它的长度的计算方法从此得以确立，这是刘洪关于月亮运动研究的一大贡献。

第三项成果：刘洪解决了后世历法定朔计算的关键问题。

刘洪长期坚持每日昏旦观测月亮相对于恒星背景的位置，获得了大量的第一手资料，进而推算出月亮从近地点开始在一个近点月内的每日实际行度值。

刘洪把月亮每日实行度、相邻两日月亮实行度之差，每日月亮实行度与平行度之差，和该差数的累积值等数据制成表，即月亮运动不均匀性改正数值表。这就是月离表，为刘洪首创。

定朔 是我国古代传统历法中，确定每月第一天，也就是初一——朔日的一种计算方法，其与平朔相对。这种算法考虑了太阳运行和月球运行的不均等性，将含有真正"朔"的当天作为每月的开始，反映了真实的天象。

要想求任一时刻月亮运动相对于平均运动的改正值，可依此表用一次差内插法加以计算。这个定量描述月亮运动不均匀性的方法和月离表推算法，是我国古代历法的经典内容之一，后世莫不从之。

在《乾象历》中，该法仅用于交食计算；实际上月离表已经解决了后世历法定朔计算的关键问题。

第四项成果：刘洪确定了黄白交点退行概念的确立和退行值。

刘洪确立了黄白交点退行的新概念，虽然他没有给出交点月长度的明确概念和具体数值，但实际上已经为此准备了充分和必要的条件，为后世的发展奠定了结实基础。而黄白交点退行概念的确立和退行值的确定，是刘洪在月亮运动研究方面又一重大进展。

第五项成果：刘洪建立了月亮运动轨道，即白道的概念。

刘洪对月亮运动研究的另一重大成就是关于月亮运动轨道，即白道概念的建立。这标志着自战国以来对月亮运动轨迹含混不清的定性描述局面的结束。

刘洪给出的黄纬值为6.1度，误差0.62度。刘洪还给出了月亮从黄白交点出发，每经一日距离黄道南或北的黄纬度值表格，可由该表格依一次差内插法推算任一时刻的月亮黄纬。这就较好地解决了月亮沿白道运动的一

■ 古代天文图

个坐标量的计算问题。

研究表明，这一方法推得的月亮黄纬值的误差仅为0.44度。此外，刘洪还给出了月亮距赤的度距的计算方法。这些表述和方法都对后世历法产生了深远影响。

第六项成果：刘洪对交食周期的探索。刘洪提出11045个朔望月正好同941个食年相当的新交食周期值，推得一个食年长度，其结果的精度大大超过前人及同代人。

除上述研究成果外，刘洪在五星运动研究上也取得了一些进展。如关于五星会合周期的测算，在东晋以后，就被《乾象历》的五星法所取代，并自此沿用了百年之久。所以《乾象历》的五星法无论在当时还是在其后较长一段时间内，都是很有影响的。

刘洪取得了一系列令人瞩目的天文学成就，这些成就的显著特点是"新"和"精"，或是使原有天文数据精确化，或是对"新天文概念""新天文数据""新天文表格""新推算方法"的阐明，大都载于《乾象历》中。难怪有人称赞《乾象历》是"穷幽微"的杰作。

刘洪的《乾象历》使传统历法的基本内容和模式更加完备，他所发明的一系列方法成为后世历法的典范。这些成果，成为我国古代历法体系最终形成的里程碑，已经被载入史册。

阅读链接

刘洪创造的《正负数歌诀》"强正弱负，强弱相并，同名相从，异名相消。其相减也，同名相消，异名相从，无对无之……"为世人公认，被时人称为"算圣"。

刘洪曾担任过"上计掾"一职，即年终统计财政收入的官员，工作量大，技术性强。东汉魏人徐岳在其所著的《数术记遗》中记载："刘会稽，博学多闻，偏于数学……隶首注术，仍有多种，其一珠算。"这里的刘会稽即刘洪。刘洪的数学才能为以后取得天文历算方面的成就帮助极大。

我国数学史上的牛顿刘徽

刘徽（约225—约295），山东邹平人。魏晋时期著名的数学家。他是我国最早明确主张用逻辑推理的方式来论证数学命题的人，也是我国古典数学理论的主要奠基者之一，同时，他还是我国数学史上一个非常伟大的数学家。

刘徽的一生是为数学刻苦探求的一生。他虽然地位低下，但人格高尚。他不是沽名钓誉的庸人，而是学而不厌的伟人，他给我们中华民族留下了宝贵的财富。

其杰作《九章算术注》是我国最宝贵的数学遗产，是中华民族宝贵的财富。被称为"中国数学史上的牛顿"。

数学家刘徽画像

■ 古籍《九章算术》

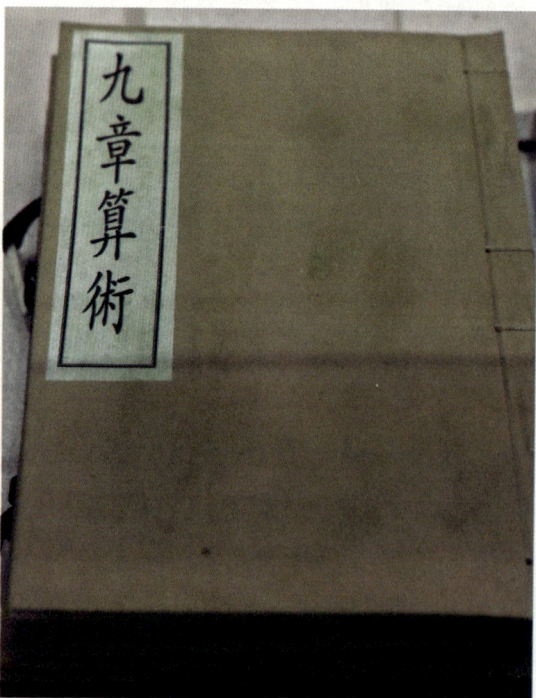

刘徽出身平民，终生未仕。他在童年时代学习数学时，是以《九章算术》为主要读本的，成年后又对该书深入研究。在长期研习过程中，他发现《九章算术》奥妙无穷，但同时也发现了其中存在的问题。

在当时，刘徽所面对的，是一分堪称丰厚而又有严重缺陷的数学遗产。

其基本情况是：《九章算术》约成书于东汉之初，没有具体的作者，当时的研究者主要有张苍、耿寿昌。此书共有246个问题的解法，在许多方面如解联立方程，分数四则运算，正负数运算，几何图形的体积面积计算等，都属于世界先进之列。

但《九章算术》只有术文、例题和答案，没有任何证明。张苍、耿寿昌之后的许多数学家们，尽管在论证《九章算术》公式的正确性上作了努力，但这些方法多属归纳论证，对《九章算术》大多难度较大的算法尚未给出严格证明，它的某些错误没有被指出。也就是说，刘徽之前的数学水平没有在《九章算术》的基础上推进多少，这给刘徽留下了驰骋的天地。

于是，刘徽经过深入研究后，在263年写成《九章算术注》，对上述存在的问题均作了补充证明。《九章算术注》的第十卷题为《重差》，即后来的《海岛算经》，内容是测量目标物的高和远的计算方法。

《九章算术注》的完成，是刘徽在数学研究过程中里程碑式的成就，也使他登上了数学舞台。

刘徽在证明过程中，显示了他的创造性贡献。他建立了我国古代数学体系，并奠定了它的理论基础。这个数学体系包括以下几个方面：

■ 刘徽雕像

一是用数的同类与异类阐述通分、约分、四则运算，以及繁分数化简等的运算法则。在开方术的注释中，他从开方不尽的意义出发，论述了无理方根的存在，并引进了新数，创造了用十进分数无限逼近无理根的方法。

二是在筹算理论上，先给"率"以比较明确的定义，又以遍乘、通约、齐同3种基本运算为基础，建立了数与式运算的统一的理论基础。他还用"率"来定义我国古代数学中的"方程"，即现代数学中线性方程组的增广矩阵。

三是逐一论证了有关勾股定理与解勾股形的计算原理，建立了相似勾股形理论，发展了勾股测量术，通过对"勾中容横"与"股中容直"之类的典型图形的论析，形成了我国特色的相似理论。

四是在面积与体积理论方面，他用出入相补、以盈补虚的原理及"割圆术"的极限方法提出了"刘徽

张苍（前256—前152），阳武县，也就是今河南省原阳县人。西汉丞相，封北平侯。张苍校正了《九章算术》，制定历法，也是我国历史上主张废除肉刑的一位古代科学家。张苍墓位于原阳县城关镇，为清康熙年间立。

筹算 也叫策算。我国古代用竹制的算筹记数，进行加、减、乘、除、开方等运算，称为筹算。开始于春秋时期，直至明代才被珠算代替。

线性方程组 是各个方程关于未知量均为一次的方程组。刘徽在《九章算术》方程章中，对线性方程组的研究，比欧洲至少提前1500年。

■ 刘徽画像

原理"，并解决了多种几何形、几何体的面积、体积计算问题。这些方面的理论价值至今仍闪烁着光辉。

刘徽除了建立我国古代数学体系，还提出了有代表性的创见。主要有以下几项：

一是在几何方面提出了"割圆术"，即将圆周用内接或外切正多边形穷竭的一种求圆面积和圆周长的方法。他利用割圆术科学地求出了圆周率 π=3.1416 的结果。他提出的计算圆周率的科学方法，奠定了此后千余年来我国圆周率计算在世界上的领先地位。

他还利用割圆术，从直径为2尺的圆内接正六边形开始割圆，依次得正12边形、正24边形等，割得越细，正多边形面积和圆面积之差越小，他计算了正3072边形面积并验证了这个值。

二是在《九章算术·阳马术》注解中，在用无限分割的方法解决锥体体积时，提出关于多面体体积计算的刘徽原理，具有深刻的影响。

三是创见"牟合方盖"说。"牟合方盖"是指正方体的两个轴互相垂直的内切圆柱体的相交部分。在《九章算术·开立圆术》注中，他指出了原来的球体积公式的不精确性，与此同时，引入了"牟合方盖"这一著名的几何模型。

四是在《九章算术方

程术》注中，他提出了解线性方程组的新方法，运用了比率算法的思想。

刘徽还在《海岛算经》中，提出了"重差术"，采用了重表、连索和累矩等测高测远方法。

他运用"类推衍化"的方法，使重差术由两次测望，发展为"三望""四望"。而印度在7世纪，欧洲在15世纪至16世纪才开始研究两次测望的问题。

事实上，整个《九章算术注》在数学命题的论证上，主要使用了演绎推理，即三段论、关系推理、连锁推理、假设推理、选言推理以及二难推理等演绎推理形式。刘徽《九章算术注》不仅有概念，有命题，而且有联结这些概念和命题的逻辑推理。这标志着我国古代数学形成了自己的理论体系。

刘徽的数学体系及其创见，不仅对我国古代数学发展产生了深远影响，而且在世界数学史上也确立了崇高的历史地位。鉴于刘徽的巨大贡献，不少书上把他称作"中国数学史上的牛顿"。

阅读链接　在我国，首先是由数学家刘徽得出较精确的圆周率：$\pi=3.1416$，通常称为"徽率"，他指出这是不足近似值。后来，祖冲之算出了 π 的8位可靠数字，不但在当时是最精密的圆周率，而且保持世界纪录900多年。以至于有数学史家提议将这一结果命名为"祖率"。

追根溯源，其实正是基于对刘徽割圆术的继承与发展，祖冲之才能得到这一非凡的成果。因而当我们称颂祖冲之的功绩时，不要忘记他成就的取得是由于他站在数学伟人刘徽的肩膀上的缘故。

杰出的科学家祖冲之

祖冲之（429—500），字文远。祖籍范阳郡遒县，即今河北省涞水县。南北朝时期杰出的科学家。他是我国杰出的数学家、天文学家、文学家、地质学家和地理学家。

祖冲之在世界数学史上第一次将圆周率的值计算到小数点后的第7位，被命名为"祖冲之圆周率"。

祖冲之不仅是一位杰出的数学家和天文学家，而且还是一位杰出的机械专家。他造出了指南车、千里船、水碓磨等巧妙机械多种。他还经过多年测算，编制了一部新的历法《大明历》。这是当时世界上最先进的历法。

■ 杰出的数学家祖冲之画像

■ 祖冲之著作

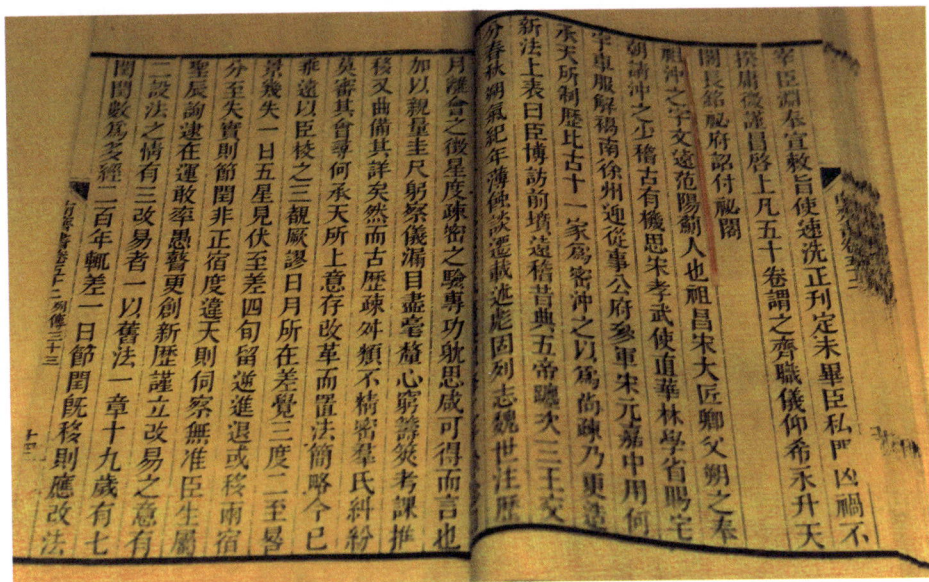

祖冲之很小的时候，正处于西晋末年这一战乱时期，由于故乡遭到战争的破坏，举家迁到里江南。

祖冲之的祖父祖昌，曾在宋朝担任过大匠卿，负责主持建筑工程，是掌握了一些科学技术知识的；同时，祖家历代对于天文历法都很有研究。因此祖冲之从小就有接触科学技术的机会。

祖冲之对于自然科学、文学和哲学都有广泛的兴趣，特别是对天文、数学和机械制造，更有强烈的爱好并深入的钻研。

祖冲之在青年时期，就有了博学多才的美名，并且被朝廷派到当时的一个学术研究机构去做研究工作。后来他又担任过一些地方上的官职。

祖冲之晚年的时候，南齐统治集团发生了内乱，政治腐败黑暗，人民生活非常痛苦。北魏乘机发重兵向南齐进攻。对这种内忧外患重重逼迫的政治局面，祖冲之非常关心。

西晋 我国历史上的一个朝代。晋武帝司马炎于265年取代曹魏政权后而建立，国号"晋"，定都洛阳，史称"西晋"。西晋为时仅51年，如果由灭吴始计，则仅37年。

南齐 也叫齐或萧齐。我国南北朝时期南朝的第二个朝代，也是南朝4个朝代中存在时间最短的一个，仅有23年，为萧道成所建。

刘歆（前50—前23），字子骏，汉高祖刘邦的四弟。他在公元前6年改名为刘秀，是西汉后期的著名学者，古文经学的真正开创者。他不仅在儒学上颇有造诣，而且在校勘学、天文历法学、史学、诗等方面都可堪称大家。

■ 祖冲之塑像

大约在494年至498年，祖冲之在担任长水校尉的官职时写了一篇《安边论》，建议政府开垦荒地，发展农业，增强国力，安定民生，巩固国防。但是由于连年战争，他的建议始终没有能够实现。没过多久，这位卓越的大科学家在500年的时候去世了。

祖冲之在生活中虽然饱受战乱之苦，但他仍然坚持学术研究，并且取得了很大的成就。他研究学术的态度非常严谨。他十分重视古人研究的成果，但又决不迷信，完全听从古人。

一方面，他对于古代科学家刘歆、张衡、刘徽、刘洪等人的著述都作了深入的研究，充分吸取其中一切有用的东西；另一方面，他又敢于大胆质疑前人在科学研究方面的结论，并通过实际观察和研究，加以修正补充，从而取得许多极有价值的科学成果。

祖冲之是历史上少有的博学多才的人物。他曾经重新造出了指南车、千里船、水碓磨等巧妙机械多种。此外，他精通音律，擅长下棋，还写有小说《述异记》。

祖冲之最大的贡献是在天文和数学方面，是一位杰出的数学家和天文学家。

数学成就：在数学方面，祖冲之写的《缀术》一书，被收入著名的《算经十书》中，作为唐代国子监算学课本，可惜后来失传了。《隋书·律历志》留下一小段关于圆周率（π）的记载，祖冲之算出π的真值在3.1415926和3.1415927之间，相当于精确到小数点后第七位，简化成3.1415926。"祖率"是当时世界上最先进的成就。祖冲之还给出π的两个分数形式，即约率22/7和密率355/113，其中密率值比欧洲要早1000多年。祖冲之还和儿子祖暅一起圆满地利用"牟合方盖"，解决了球体积的计算问题，得到正确的球体积公式。

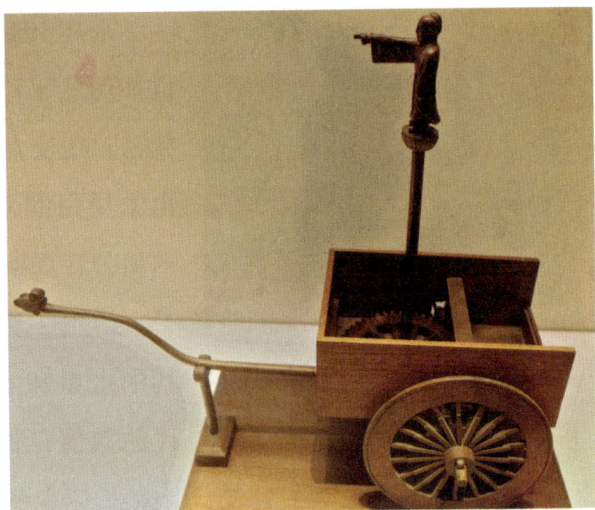

天文历法成就：祖冲之在天文历法方面的成就，大都包含在他所编制的《大明历》及为《大明历》所写的驳议中。在祖冲之之前，人们使用的历法是天文学家何承天编制的《元嘉历》。

祖冲之经过多年的观测和推算，发现《元嘉历》存在很大的差误。于是祖冲之着手编制新的历法，在462年，他编制成了《大明历》。《大明历》在祖冲之生前始终没能采用，直至510年才正式颁布施行。

《大明历》的主要成就在于：区分了回归年和恒星年，首次把岁差引进历法，测得岁差为45年11月差一度；定一个回归年为365.24281481日，直至1199年南宋杨忠辅制统天历以前，它一直是最精确的数据。

何承天（370—447），东海郯人。南朝宋大臣、著名天文学家、无神论思想家。他自幼聪明好学，从学于当时的学者徐广。他通览儒史百家、经史子集，知识渊博。精天文律历和计算，对天文律历造诣颇深。

采用391年置144闰的新闰周，比以往历法采用的19年置7闰的闰周更加精密；定交点月日数为27.21223日；得出木星每84年超辰一次的结论，即定木星公转周期为11.858年。

给出了更精确的五星会合周期，其中水星和木星的会合周期也接近现代的数值；提出了用圭表测量正午太阳影长以定冬至时刻的方法。

祖冲之在天文历法以及数学等方面的辉煌成就，充分表现了我国古代科学的高度发展水平。他编制的《大明历》标志着我国古代历法科学的一大进步，开辟了历法史的新纪元。

他求得圆周率7位精确小数值，打破以前的历史的纪录，是世界范围内数学领域的里程碑。祖冲之不仅是我国历史上杰出的科学家，而且在世界科学发展史上也有崇高的地位。

祖冲之石像

阅读链接

祖冲之小时候酷爱数学和天文，学习非常刻苦，后来达到了如醉如痴的地步。

相传，有一天，夜已经很深了，他翻来覆去睡不着，《周髀算经》上说，圆周的长是直径的3倍，这个说法对吗？

天还没亮，他就把妈妈叫醒，要了一根绳子，跑到大路上等候着马车。突然来了一辆马车，祖冲之喜出望外，要求量马车轮子，经过再三测量，他总觉得圆周长大于直径的3倍，究竟大多少？这个问题一直盘旋在他的脑子里，直至40多岁时才解开了这个谜。

杰出的农学家贾思勰

　　贾思勰，生卒年不详。生于北魏时益都，即今山东寿光。是我国古代杰出的农学家。他所著的农学名著《齐民要术》，是我国农学史上一部最完整、最有系统和内容最丰富的农业百科全书，也是世界农学史上最早的农学名著。它卓越的科学内容，对当时和后世的农业生产都有深远影响。

　　《齐民要术》共92篇，10卷，共11万多字，其中正文约7万字，注释4万多字。书前还有《自序》和《杂说》各一篇。引用前人著作有150多种，记载的农谚有30多条。该书自出版后，受历朝重视，传遍海外后亦成研究古物种变化的经典。

■ 古代杰出的农学家贾思勰画像

贾思勰出身于地主家庭，与当时一般地主子弟和读书人不同的是，他十分注重生产事业，有着发展生产和富民强国的热切愿望。

贾思勰曾经做过高阳郡太守，郡治在今河北省高阳市。在高阳太守任上，他下定决心一定要做一个"好官"。

他说："圣人不以自己的名位不高为可耻，只是忧虑人民的贫困，奖励生产就可以使人民摆脱穷困。"他关心人民生活，注意发展生产，同情人民的痛苦。除了奖励生产以外，他还亲自参加劳动。

那时候，在黄河流域居住着各族人民，人们在生产中相互学习，在耕种、畜牧、种植树木等方面都积累了非常丰富的经验。贾思勰常跟农民谈论生产上的事情，虚心地向农民请教，尤其是注意向老农学习生产上的经验和知识。

他很看重这些经验，下决心要把这些经验总结起来，传播出去，以发展祖国的农业生产。最后，他终于写成《齐民要术》这一经典巨著。

贾思勰之所以把这部书叫作《齐民要术》，其实也反映了他忧虑

■ 贾思勰蜡像

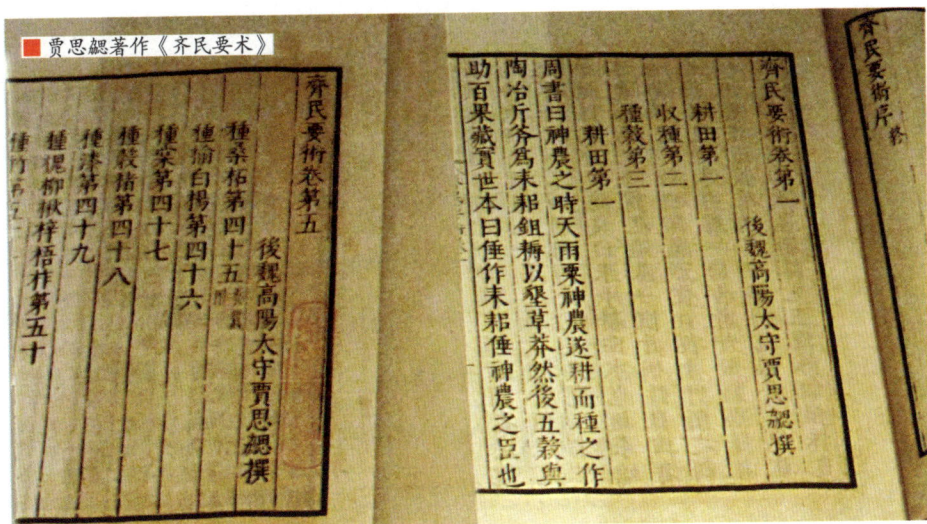
■ 贾思勰著作《齐民要术》

人民贫困和奖励农业生产的一贯思想。"齐民"这个词，用现代语言翻译出来，就是"平民"或"人民"的意思；"要术"就是谋生的主要方法。"齐民要书"4个字合起来的意思，就是"人民群众谋生的主要方法"。

《齐民要术》中的每字每句都不是随便写下来的，而是有来历、有根据，经过实践检验过的。除了当时人的经验，还查阅了古人的著作。比如西汉农学家氾胜之的《氾胜之书》，就是作为很重要的参考材料。这就是《齐民要术》之所以成为我国农业科学发展史上不朽著作的原因。

《齐民要术》的内容十分丰富。全书90篇，分成10卷。不仅总结了当时以及以前汉族人民的生产知识和技术，也记录下了各兄弟民族宝贵的生产经验，以及各族人民间生产经验互相交流的情况。贾思勰在《齐民要术》里总结了我们祖先哪些重要的生产经验呢？

一是不误农时，因地种植。

农作物的栽培和管理，必须按照不同的季节、气候和不同的土壤特点来进行。这是贯穿在《齐民要术》中的一条根本原则。

贾思勰把最适宜的季节叫作"上时"，其次的叫作"中时"，不适宜的季节叫作"下时"，并且告诉大家不要错过适宜的栽培季节"上时"。他又指出，种植各种作物的土壤条件，也各不相同。

在《齐民要术》里，贾思勰还根据实际经验说明，同一种作物不仅在不同的土壤上使用种子的分量不能相同，并且同一农作物在上时、中时、下时下种，用种子的分量也有差别。这些原则都是科学的。

关于土壤条件对农作物的影响，贾思勰在《齐民要术》里有许多很有意义的记载。

他说："并州没有大蒜，都得向朝歌去取蒜种，但是种了一年以后，原来的大蒜变成了蒜瓣很小很小的蒜。并州芜菁的根，像碗口那么大，就是从别的地方取来种子，种下一年后，也会变大。在并州，蒜瓣变小，芜菁的根变大，是土壤条件造成的结果。这说明栽种农作物必须注意自然条件。"

并州　太原旧称。古州名。相传禹治洪水，划分域内为九州。据《周礼》和《汉书·地理志上》记载，并州为九州之一。其地约当今河北省保定和山西省太原、大同一带地区。

■ 贾思勰的著作《齐民要术》

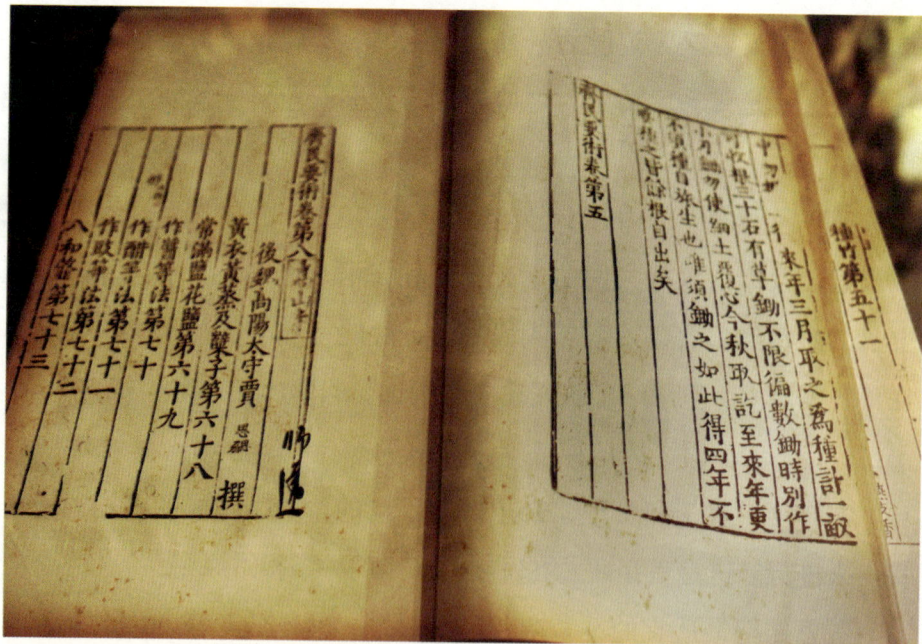

■ 古代春耕画面

这就是说，植物的本性在不同的环境下是可以改变的。从这里，可见我们祖先早就从生产实践中知道了植物遗传和环境的关系，也知道除了要重视自然条件以外，还可以"驯化"农作物。

二是精耕细作，保墒抢墒。

贾思勰在《齐民要术》里说："地一定要耕得早，耕得早，一遍抵得上三遍，耕迟了，五遍抵不上一遍。"

他又说："耕地要深，行道要窄。因为如果行道耕得太宽了，就会耕得不均匀，深一处，浅一处；而且耕牛因为用力太多，也容易疲乏。耕完地以后，就要立即把土锄细和耙平，经过几次锄、耙，才好开始播种。当绿油油的谷苗长出田垄以后，还要反复地锄地。这不是为了把地里的杂草锄去，而是要使土壤松匀，土壤锄得越疏松均匀，农作物就越容易吸取土壤

保墒 在古代文献中也称之为"务泽"。保持水分不蒸发，不渗漏，例如播种后地要压实，是为了减少孔隙，让上层密实的土保住下层土壤的水分。如通过深耕、细耙、勤锄等手段来尽量减少土壤水分的无效蒸发，使尽可能多的水分来满足作物蒸腾。

粟 我国古称稷或粟。脱壳制成的粮食，因其粒小，直径2毫米左右，故得名。原产于我国北方黄河流域，我国古代的主要粮食作物，所以夏代和商代属于"粟文化"。我国最早的酒也是用小米酿造的。粟生长耐旱，品种繁多，俗称"粟有五彩"，有白、红、黄、黑、橙、紫各种颜色的小米，也有黏性小米。

中的养分。"

另外，《齐民要术》里也记载了我们祖先的"冬灌"经验。这就是把雪紧紧地耙在地里，或把雪积成大堆，推到栽下种子的坑里去，以防止大风把雪刮走，使地里有充足的水分。这样，春天长出来的庄稼就会特别旺盛。

《齐民要术》里还要大家注意抢墒。黄河流域在春末夏初播种的季节里雨量很少，经验告诉我们的祖先，必须趁雨播种。谷物的播种，最好是在下雨之后。如果雨小，不趁地湿下种，苗便得不到充足的水分，就不容易长得健壮。

但是，遇到雨大就不能这样做，因为雨太大，地太湿，杂草就会很快地长起来。同时，谷物也不适宜在过湿的土地上生长。这就要在地发白后再下种。

这样保墒保泽的经验，即使在今天来说，也是很

■ 正在耕种的农民塑像

■ 古代劳作画面

宝贵的。

三是选择种子，浸种催芽。

如果不选种，不但庄稼长不好，种子还容易混杂。种子混杂了，就会给生产带来很多麻烦，不但出苗会迟早不齐，谷物成熟的时期也不一样。关于选种的方法，《齐民要术》里记载，不论是粟、黍，还是秫、粱，都要把长得好的、颜色十分纯洁的割下来，挂在通风干燥的地方。

留种地要耕作得特别精细，要多加肥料，要常常锄地，锄的遍数越多，结的籽粒就越饱满，才不会有空壳。种子收回来后，要先整理，并且要埋藏在地窖里，这才可以防止种子混杂的麻烦。

《齐民要术》里也记载着浸种和催芽的方法。在播种前20天，就应该用水淘洗种子，去掉浮在上面的秕子，晒干后再下种。也有让水稻浸到芽长两分，早稻浸

黍 古代专指一种籽实叫黍子的一年生草本植物。籽实煮熟后有黏性，可以酿酒、做糕等。黍是我国小杂粮的一种，在我国的北方山西大同忻州一带是重要的粮食作物。黍去皮以后，叫黄米，此种米有黏性，是五月初五端午节做粽子的原料之一，此为黍磨成面粉以后还是做油糕的原料。

■ 古代水车模型

套种 在一块地上按照一定的行、株距和占地的宽窄比例种植几种庄稼，叫作间作套种。一般把几种作物同时期播种的叫作间作，不同时期播种的叫作套种。间作和套种是我国农民的传统经验，是农业上的一项增产措施。

种到芽刚刚吐出时再播种的。

四是合理施肥，轮作套作。

秋天的时候，要是耕种长着茅草的土地，最好让牛羊先去践踏，然后进行深翻。这样，草被踏死了，深翻后埋在地里可以做肥料。在没有茅草的地里，秋耕时也要把地里的杂草埋到地里去，第二年的春天草再长出来时，要再把它埋到地里去。这样，经过耕埋青草的土地，就像施了粪肥的土地一样肥沃，长出的庄稼就会又肥又壮。

另外，用过豆科作物做绿肥的土地，如果种上谷子，每亩可以收获很大的产量。《齐民要术》里也提到用围墙和城墙的土作为肥料的办法。直至现在，这些办法对我国农村的积肥造肥，也还是很有用处的。

《齐民要术》里还讨论了轮作和套种方法。有的农作物连栽不如轮作，麻连栽就容易发生病害，降低麻的品质。接着又讨论了哪一种作物的"底"最好是什么。什么是"底"呢？就是我们所说的"上茬"。

谷物的底最好是豆类，大豆的底最好是谷物，小豆的底最好是麦子，瓜的底最好是小豆，葱的底最好是绿豆。再如，葱里可以套种胡荽，麻里可以套种芜菁等。这种用轮作发挥地力和培养地力的方法，现在仍旧是值得我们重视的。

五是果树栽培，因树施法。

贾思勰说，果树的种类很多，有的耐寒，有的喜润湿，有的在冬天结实，有的要在风和日暖的时候才开花结果。

各种果树的特点既然各不相同，栽培的方法也不能一样，不能以适合一种果树的方法死搬硬套地应用到别的果树上去。例如李树播种移栽的方法，最好是扦插；梨树则用嫁接的方法最为适宜等。

贾思勰根据农民的经验，提出了不同树种的栽培方法。以桃树为例，他说桃子熟的时候，连果肉一起埋到粪地里，至第二年春天再把它移到种植的地上去，这样的桃树成熟早，3年便可以结果，因此不必用插条来扦插。

要是不把种子放在粪地里，植株不会茂盛；如果让桃树留在粪地里生长，果实不会大而且味苦。此外，贾思勰还很细致地总结了果树嫁接的方法，以及怎样注意防止果树遭受霜冻损害的方法。

六是选好种畜，精心饲养。

贾思勰在《齐民要术》里指出，畜养动物首先应该重视选种，要选择最好的母畜来做种畜，不能随随便便让不好的母畜繁殖后代。这说明我们的祖先很早就注意牲畜的遗传性。除此以外，《齐民要术》还很重视牲畜怀胎的环境，以及小牲畜出生后的环境对它们的影响。还告诉我们要注意对肉用牲畜的阉割和掐尾。

在牲畜的饲养法方面，贾思勰

贾思勰查看农物蜡像

贾思勰查看果树蜡像

在《齐民要术》里总结了很丰富的经验。以养马为例，贾思勰指出，马饿时可以喂比较坏的饲料，饱时再给好的，这样马可以吃得多，因而也可以肥壮。饲料要铡得细，过粗马吃了不会肥壮。

给马喂水也有一定的规则。早上马饮水要少，中午可以让马多饮一点，到了晚上，因为要过夜，要让它尽量多饮水。每次饮水之后，要让马小跑一阵，出汗消水。《齐民要术》里也记载了几十个医治马病的方法。这都是我们祖先由实践中得出有效的方法。

七是农村副业，多种经营。

我们的祖先不仅在农业、林业和畜牧业方面取得了很大的成就，而且在农村副业方面也积累了丰富的经验。《齐民要术》里指出，养蚕的屋子里要温度适宜。屋里太冷蚕长得慢，太热会枯焦干燥。因此，养蚕的房屋，冬天四角都得生火炉，屋子的冷热这样才会均匀。

在喂蚕的时候要把窗户打开，蚕见到阳光吃桑叶就多，也就长得比较快。这时候用柘树叶养蚕也开始了。我们祖先也知道了柘丝质量很好，用其制作胡琴等乐器的弦，比一般的丝还强，发出来的声音更响亮。

在《齐民要术》里记载的柘蚕取丝的方法，可能是我国关于这方面的最早的文字记载。

此外，《齐民要术》里还记载做染料的方法，使用"皂素"的经验，以及记载了酿酒、造醋、做酱、制豆豉等方法。

上面所介绍的，只是《齐民要术》内容的极少部分，但我们已经初步知道，早在1400多年前，我国农业科学已经达到很高的水平。

贾思勰的《齐民要术》是我国在6世纪的一部最完整的、最有系统的、内容最丰富的农学著作，也是世界农学史上最早的一部不朽的名著。书中闪烁着我们祖先的智慧的光辉和伟大的创造力，对以后的农业科学的发展有很大影响。

《齐民要术》以后，我国4种规模最大的农学著作，即元朝司农司编《农桑辑要》、王祯的《农书》、明朝徐光启的《农政全书》和清朝"敕修"的《授时通考》，没有一种不以《齐民要术》作为范本的。就是规模比较小的许多农学著作，如陈敷的《农书》、鲁明善的《农桑衣食撮要》，也都受《齐民要术》的影响。

阅读链接

有一次，贾思勰养的200多只羊因为饲料不足，不到一年就饿死了一大半。后来换了别的方法还是不行。

这时有人告诉他在百里之外有一位养羊能手，贾思勰就去找到老羊倌向他请教。原来，贾思勰随便把饲料扔在羊圈里，羊在上面踩来踩去，拉屎撒尿也都在上面。羊不肯吃这种饲料，于是就饿死了。

贾思勰又在老羊倌家里住了好多天，认真学习了老羊倌一套丰富的养羊经验。回去后，就按照这些养羊的方法去做，效果果然不错。

伟大的地理学家郦道元

郦道元（约470—527），字善长。生于南北朝时的涿州郦亭，即今河北省涿州市。北朝北魏地理学家。他以《水经注》40卷，奠定了地理、水文等学科研究基础。被称为"世界地理学的先导""宇宙未有之奇书""圣经贤传"，也被后人尊为中世纪最伟大的地理学家。

该书文笔隽永，描写生动，既是一部内容丰富多彩的地理著作，也是一部优美的山水散文汇集。可称为我国游记文学的开创者，对后世游记散文的发展影响颇大。另著《本志》13篇及《七聘》等文，但均已佚。

■著名地理学家郦道元画像

郦道元生于仕官家庭，父亲郦范做过刺史、尚书郎、太守等职。郦道元从少年时代起就爱好游览，有志于地理学的研究。他跟随父亲在青州时，就曾经和友人一起游遍山东。

郦道元喜欢游览祖国山川，尤其喜欢研究各地水文地理、自然风貌。他充分利用在各地做官的机会进行实地考察，足迹遍及今河北、河南、山东、山西、安徽、江苏等广大地区，调查当地的地理、历史和风土人情等，掌握了大量的第一手资料。

■郦道元雕像

每到一个地方，他都要游览名胜古迹、山川河流，悉心勘察水流地势，并访问当地长者，了解古今水道的变迁情况及河流的渊源所在、流经地区等。同时，他还利用业余时间阅读了大量古代地理学著作，积累了丰富的地理学知识，为他的地理学研究和著述打下了基础。

郦道元通过把自己看到的地理现象同古代地理著作进行对照比较，发现其中很多地理情况随着时间的流逝发生了很大变化。

比如三国时代桑钦所著的地理学著作《水经》，此书不仅对大小河流的来龙去脉缺乏准确记载，且由于时代更替，城邑兴衰，有些河流改道，名称也变了，书上却未加以补充和说明。而且记载相当简略，

青州 在远古时为东夷之地，传说在大禹治水之后，按照山川河流的走向，把全国划分为青、徐、扬、荆、豫、冀、兖、雍、梁九州，青州是其中之一。大体指泰山以东的一片区域。现代则指我国山东省青州市，由潍坊市代管。

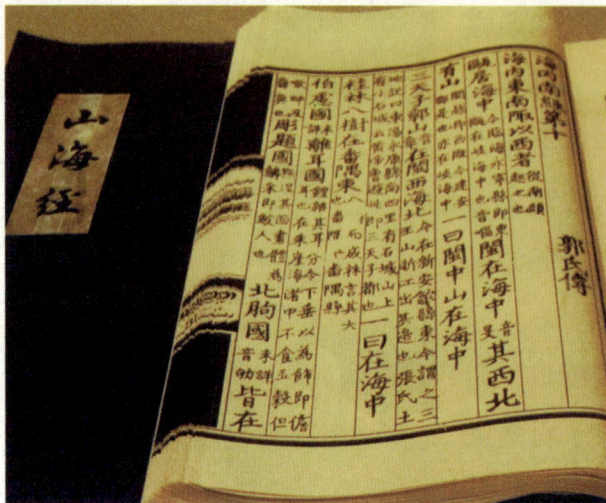

■《山海经》 先秦重要古籍，具体成书年代及作者无从考证。是一部富于神话传说的最古老的地理书，全书共计18卷，包括《山经》5卷，《海经》8卷，《大荒经》5卷。内容包罗万象，主要记述古代地理、动物、植物、矿产、神话、巫术、宗教及古史、医药、民俗等方面的内容。

缺乏系统性，对水道的来龙去脉及流经地区的地理情况记载不够详细、具体。郦道元认为，如果不及时把地理现象的变迁记录下来，后人就更难以弄明白历史上的地理变化。所以，应该在对现有地理情况的考察的基础上，印证古籍，然后把经常变化的地理面貌尽量详细、准确地记载下来。

在这种思想指导下，郦道元决定利用自己所掌握的丰富的资料，在《水经》的基础上，亲自给《水经》作注。

事实上，郦道元一生的著述很多，除了《水经注》外，还有《本志》《七聘》等著作，但是，流传下来只有《水经注》。

作为一位杰出的地理学家，郦道元在《水经注》的序言中对前代的著名地理著作进行了许多点评。秦朝以前，我国已有许多地理类书籍，但当时国家不统一，生产力水平不发达，人们对地理的概念还比较模糊，这些作品中普遍存在的问题就是虚构，如《山海经》《穆天子传》《禹贡》等。

科学精英与求索发现

江南 在历史上江南是一个文教发达、美丽富庶的地区，它反映了古代人民对美好生活的向往，是人们心目中的世外桃源。从古至今"江南"一直是个不断变化、富有伸缩性的地域概念。江南，意为长江之南。在古代，江南往往代表着繁荣发达的文化教育和美丽富庶的水乡景象，区域大致为长江中下游南岸的地区。

郦道元坚决反对"虚构地理学",他在《水经注》序言中提出了自己的研究和工作方法,那就是重视野外考察的重要性。

《水经注》一书中记载了郦道元在野外考察中取得的大量成果,这表明他为了获得真实的地理信息,到过许多地方考察,足迹踏遍长城以南、秦岭以东的中原大地,积累了大量的实践经验和地理资料。

例如江南会稽郡的诸暨县,有五泄瀑布,景色壮丽,向来不为世人所知。郦道元在《水经注》里面首次记载了五泄飞瀑壮观的气势。从此,世人方知五泄的山水景观。

郦道元在实地调查中原地形的同时,又广泛收集南方的地理著作,进行对比研究,得出自己的结论。

郦道元为了写《水经注》,还阅读有关书籍,查阅了所有地图,研究了大量文物资料。据统计,他引用的文献多达480种,其中属于地理类的就有109种。经过长期艰苦的努力,郦道元终于写成名垂青史的著作《水经注》。

《水经注》名义上是注释《水经》,实际上是在《水经》基础上的再创作,其成果是空前的。全书共40卷,30多万字,记述了1252

五泄 五泄位于浙江省诸暨市西的群山之中。"泄",就是瀑布之意。瀑从五泄山巅的崇山峻壁间飞流而下,折为五级,总称"五泄溪"。溪两岸异峰怪石,争奇竞秀,有"七十二峰,三十六洞,二十五崖",得崖壑飞瀑之胜。五泄风光以青山挺秀、飞泉成泄而著称。

073

中古时期

创造大师

■《水经注》书影

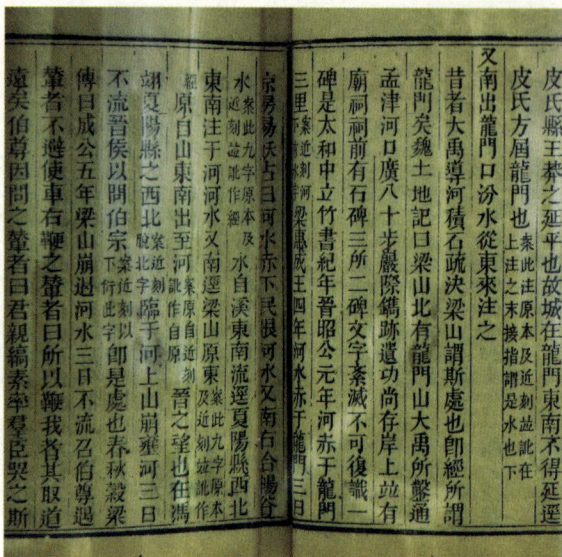

■ 《水经注》书影

南北朝（420—589），我国历史上一段分裂时期，由420年刘裕篡东晋建立南朝宋开始，至公元589年隋灭南朝陈为止。该时期上承东晋、五胡十六国，下接隋朝，南北两势，虽然各有朝代更迭，但长期维持对峙，所以称为南北朝。

条河流，比原著增加了河流近千条，增加了文字20多倍。

书中还记述了各条河流的发源地与流向，各流域的自然地理和经济地理状况及火山、温泉、水利工程，还记述了历史遗迹、人物掌故、神话传说等，其内容比《水经》原著要丰富得多。

《水经注》在写作体例上，以水道为纲，详细记述各地的地理概况，开创了古代综合地理著作的一种新形式。

《水经注》涉及的范围十分广泛。从地域上讲，郦道元虽然生活在南北朝对峙时期，但是他并没有把眼光仅限于北魏所统治的一隅，而是抓住河流水道这一自然现象，对全国地理情况作了详细记载。不仅这样，书中还谈到了一些外国河流，说明作者对于国外地理也是注意的。

从内容上讲，书中不仅详述了每条河流的水文情况，而且把每条河流流域内的其他自然现象，如地质、地貌、地壤、气候、物产民俗、城邑兴衰、历史古迹以及神话传说等综合起来，作了全面描述。

《水经注》是6世纪前我国最全面、最系统的第一部完整记录华夏河流山川地貌的地理学巨著，对于研究我国古代历史和地理具有重要的参考价值。

《水经注》不仅是一部具有重大科学价值的地理巨著，而且也是一部颇具特色的山水游记。郦道元以饱满的热情，浑厚的文笔，精美的语言，形象、生动地描述了祖国的壮丽山川，表现了他对祖国的热爱和赞美，具有较高的文学价值。

由于《水经注》在我国科学文化发展史上的巨大价值，历代有许多学者专门对它进行研究，形成一门"郦学"。

在漫长的中世纪，西方世界正处在基督教会统治的时代，全欧洲在地理学界都找不出一位杰出的学者。东方的郦道元却留下了不朽的地理巨著《水经注》40卷，不仅开创了我国古代"写实地理学"的历史，而且在世界地理学发展史上也占有重要的地位。他不愧为中世纪最伟大的世界级地理学家。

阅读链接

据史书记载，郦道元为官素以严厉著称，因而不少权贵人物都憎恨他。为了达到除掉他的目的，那些人就玩弄借刀杀人的阴谋，故意怂恿北魏政权派郦道元去雍州，即今陕西省西安一带任关右大使。

当时的雍州刺史肖宝夤企图反对北魏政权，郦道元一来，他果然怀疑是去与他作对，于是派部下半路劫杀。

当郦道元赴任行至临潼县东时，被肖的部下围困在山冈上，最后被杀害。临死的时候，郦道元还怒目厉声呵斥叛贼，表现了至死不屈的精神。

功不可没的天文学家刘焯

刘焯（544—610），字士元。生于隋代时信都昌亭，即今河北省冀州市。隋代天文学家。刘焯着力研习《九章算术》《周髀》《七曜历书》等，还著述有《稽极》10卷、《历书》10卷、《五经述议》等书，后散佚。刘焯精通天文学，他发现隋朝的历法多存谬误，于是多次建议修改。他在公元600年，创著了《皇极历》一书。

在历法中，刘焯首次考虑到太阳视差运动的不均匀性，创立了用3次差内插法来计算日月视差运动的速度，推算出五星位置和日、月食的起运时刻等。这些成就是我国历法史上的重大突破，推动了历法学的大发展。

■ 隋朝天文学家刘焯画像

刘焯非常聪明，在少年时代，先后跟从多位老师学习《诗经》《左传》《周礼》《仪礼》和《礼记》时，就显现出极好的天资。但这些老师们的讲课水平根本不能满足他的求知欲望，每次未等学业结束就离开了。

后来，刘焯帮一位藏书家整理典籍，竟是一下埋头10年。渐渐地，刘焯变成了一个精神上的富人，并因精通儒家学说而远近闻名。

■ 刘焯画像

580年，刘焯因有学名，进京参加了编纂国史、议定乐律和历法的工作。这期间，刘焯对《九章算术》《周髀算经》《七曜历书》等10多部涉及日月运行、山川地理的著作悉心研究，后来写出了《稽极》《历书》和《五经述议》天文名著。

当别人读到他书中那些新颖的观点和独到的见解时，不计其数的儒者和年轻学生纷纷以他为偶像，不远千里前来当面求教。

当时有人评论刘焯说："几百年来，学识渊博、精通儒学的人，没有能够超过他的。"

582年，《三体石经》从洛阳运至京师。《三体石经》建于三国时期，因碑文每字皆用古文、小篆和汉隶3种字体写刻，所以叫《三体石经》。因年代久远，文字多有磨损，难以辨认，朝廷召群儒考证。

乐律 也就是音律。古代乐律学名词是十二律，各律从低到高依次为：黄钟、大吕、太簇、夹钟、姑洗、仲吕、蕤宾、林钟、夷则、南吕、无射、应钟。其定音方法，是将一个八度分为12个不完全相同的半音的一种律制。

科学鼻祖

科学精英与求索发现

论证期间，刘焯以自己的真知灼见，力挫诸儒，令所有人震惊。

谁知官场风云变幻莫测，就在论证《三体石经》后不久，38岁的刘焯却因此而遭遇诽谤，罢官回乡。回到家乡后，刘焯曾再被召用，但又再被罢黜。

经历挫折之后，刘焯再不问政事，专心著述，先后写出《历书》《五经述义》等若干卷，广泛传播，名声大振。

据史书载："名儒后进，博学通儒，无能出其右者。"他的门生弟子很多，成名的也不少，其中衡水县的孔颖达和盖文达，就是他的得意门生，两人后来成为唐初的经学大师。

隋炀帝即位，刘焯被重新启用，任太学博士。刘焯精通天文学，他发现当时的历法多存谬误，多次建议修改。600年，他终于创制出了《皇极历》，在天文学研究领域达到了世界领先水平。

创立了"等间距二次内插法公式"：在《皇极历》中，刘焯首次考虑到太阳视差运动的不匀均性，

经学 原指各家学说要义的学问，在我国汉代独尊儒术后被特指研究儒家经典，解释其字面意义、阐明其蕴含义理的学问。经学是我国古代学术的主体，其中蕴藏了丰富而深刻的思想，保存了大量珍贵史料，是儒家学说的核心组成部分。

创立"等间距二次内插法公式"来计算日、月、五星的运行速度。推日行盈缩，黄道月道损益，日月食的多少及出现的地点和时间，这都比以前诸历精密。"定朔法""定气法"也是他的创见。

这些主张，直至1645年才被清朝颁行的《时宪历》采用，从而完成了我国历法上第五次也是最后一次大改革。

力主实测地球子午线：刘焯之所以力主实测地球子午线，源起是我国史书记载说，南北相距500千米的两个点，在夏至的正午分别立一根8尺长的测杆，它的影子相差一寸，即"千里影差一寸"说。

刘焯第一个对此谬论提出异议，但当时没被采取，直至后来，唐代张遂等人于724年实现了刘焯的遗愿，并证实了刘焯理论的正确性。

较为精确地计算出岁差：所谓岁差，就是春分点逐渐西移的现象，即假定太阳视运动的出发点是春分点，一年后太阳并不能回到原来的春分点，而是差一小段距离。刘焯计算出了春分点每75年在黄道上西移一度。而此前晋代天文学虞喜算出的是50年差1度，与实际的71年又8个月差1度相比，这个数值已经相当精确，在此后的唐、宋时期，大都沿用刘焯的数值。

由于刘焯所著历书与当时权威人士太史令张胄玄的天文、历数观点多有不同，因此，呕血而成的《皇极历》被排

■ 张遂 画像

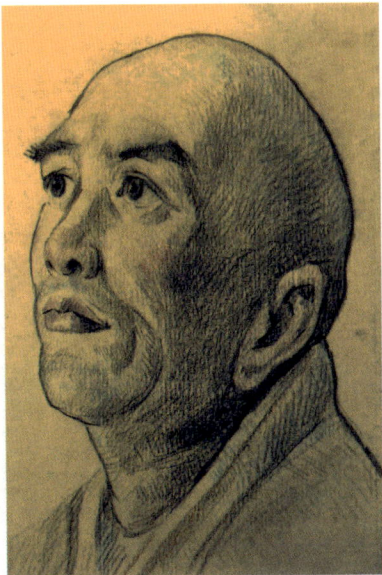

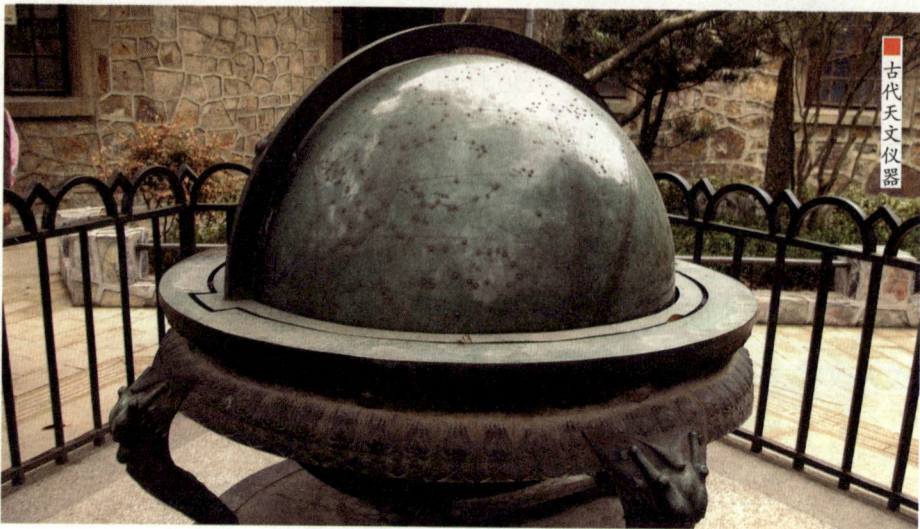

斥不得施行。

然而该书提供的天文历法在当时是最先进的，历史证实刘焯研究天文学已有相当高的水平。后来唐初的李淳风，依据《皇极历》造出的《麟德历》被推为古代名历之一。

刘焯的创见和一些论断虽然在当时未被采纳，却在后世被接受，在他的研究基础上发展、改进。因而他对科学的贡献是不容磨灭的。

阅读链接

刘焯虽学富五车、才高八斗，却因处世失当而被卷入一次朝廷冲突，被流放到边关充军，但他能跳出自己的灾难之外来嘲讽自己。

隋朝侯白的笑话集《启颜录》中记载了刘焯这样一段事：刘焯和他的堂侄刘炫都很有学问，因犯法而被捕。县吏不知道他们是大学问家，全给他们上了枷锁。

刘焯说："整天在枷（家）中坐着，就是回不了家。"

刘炫说："我也是终日负（妇）枷（家）而坐，就是不见妇。"

刘焯嘲笑了自身的悲剧，实际上就是战胜了悲剧。

唐代杰出天文学家一行

　　一行（683—727），俗名张遂。生于魏州昌乐，即今河南省南乐县。谥号"大慧禅师"。唐代杰出天文学家，是世界上首次推算出子午线纬度1度之长的人，编制了《大衍历》。他也是佛教密宗的领袖，著有密宗权威著作《大日经疏》。

　　张遂自幼刻苦学习历象和阴阳五行之学。青年即以学识渊博闻名于长安。他作为科学家，在我国科技史上具有重要的地位；作为佛教高僧，一行传承胎藏和金刚两大部密法，在密宗史上的成就，不但系统组织密教的教义教规，也把两大部融合了起来。

■ 僧一行画像

■武则天 （624—705），字"曌"。并州文水人。唐朝开国功臣武士彟次女。我国历史上唯一一个女皇帝，在位15年。谥号"则天大圣皇后"。后世所称"则天武后"或"武则天"即是由此谥号而来。政治家和诗人。武则天当政时期，被史界称为"贞观遗风"。

一行少时聪敏，博览经史，尤精于天文、历象、阴阳五行之学。20岁时，他得到京都一位著名道人赠送的一本由西汉扬雄所著的《太玄经》，一行很快即通达其旨，并写出《太衍玄图》《义诀》各一卷，阐释晦涩难懂的《太玄经》。从此名声大振。

705年，武则天的侄子武三思听说了一行的大名，为赢得"礼贤下士"的美名就有意拉拢他。一行不愿为之所用，又怕因此而遭到迫害，于是在21岁时弃俗，逃到河南嵩岳寺剃度出家，取法名为"一行"。武则天退位后，唐王朝多次召他回京，均被拒绝。

712年，唐玄宗命一行主持修编新历。从此，一行就开始专门从事天文历法的工作。

723年，为了测定星体位置的需要，一行与他人研制成黄道游仪、"水运浑天仪"。

724年。一行根据修改旧历的需要，又组织领导了我国古代第一次天文大地测量，也是一次史无前例、世界罕见的全国天文大地测量工作。

725年，善无畏来长安弘教，一行帮助善无畏共同翻译《大日经》7卷等，并单独著有《大日经疏》

善无畏 （637—735），印度摩伽陀国人。公元716年到长安。为唐代密宗胎藏界的传入者，与金刚智、不空合称开元三大士。译有《大毗卢遮那成佛神变加持经》7卷、《苏悉地羯经》3卷等重要典籍。或称为输波迦罗。

20卷。《大日经疏》对我国密教学的研究产生很大的影响，在我国密教史上起了很大作用。

727年9月，一行卧病不起。10月8日在长安华严寺圆寂。唐玄宗痛悼，叹道："禅师舍朕！"追赐其谥号为"大慧禅师"，并亲自为大慧禅师撰写碑文。

旧版《大日经疏》

作为杰出的天文学家，一行在历法和天文方面取得了辉煌的成就。

在历法方面，一行编定了很有影响的《大衍历》。《大衍历》以刘焯的《皇极历》为基础，并进一步发展了《皇极历》。《大衍历》共分为7篇，即《步中朔术》《步发敛术》《步日躔术》《步月离术》《步轨漏术》《步交会术》和《步五星术》。

《大衍历》发展了前人岁差的概念，创造性地提出了计算食分的方法，发现了不等间距二次内插法公式、新的二次方程式求和公式，并将古代"齐同术"即通分法则运用于历法计算。

《大衍历》于729年颁布实行，并一直沿用长达800年之久。经过验证，《大衍历》比当时已有的其他历法，

■ 唐玄宗 （685—762），即李隆基。唐睿宗李旦的第三子，母亲窦德妃。唐玄宗也称为唐明皇。谥号"至道大圣大明孝皇帝"，庙号玄宗。他在位期间，开创了唐朝乃至我国历史上的最为鼎盛的时期，史称"开元盛世"。

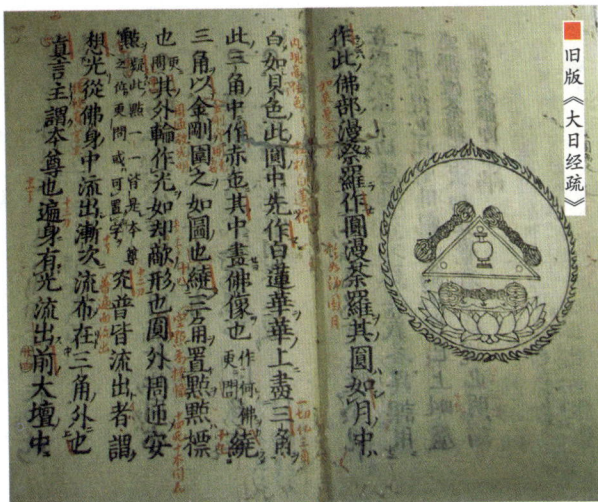

梁令瓒 唐代画家、天文仪器制造家。因创制游仪木样，被一行称为所造能契合自然。后又与一行创制浑天铜仪。亦工篆书，擅画人物。存世作品有《五星及二十宿神形图》一卷，北宋李公麟称其画风似吴道子。

如祖冲之的《大明历》、刘焯的《皇极历》、李淳风的《麟德历》等要精密、准确得多。

《大衍历》作为当时世界上较为先进的历法，相继传入日本、印度，并在这两国也沿用近百年，极大地影响了这两个国家的历法。

在天文方面，一行取得了很大成就。一行通过长期的天文观测发现了恒星移动的现象，进一步发现和认识了日、月、星辰的运动规律，废弃了沿用长达800多年的二十八宿距度数据，并在历史上第一次提出了月亮比太阳离地球近的科学论断。

一行还制成水"运浑天仪"、黄道游仪。当时有个率府兵曹参军梁令瓒设计了一个黄道游仪，并已经制成了该仪器的木头模型。在一行的支持和领导下，用铜铸造成此仪器。

这台仪器既可以用来测定每天太阳在天空中的

■ 古代浑天仪

位置，也可以用来测定月亮和星宿的位置。同年，一行和梁令瓒等人在继承张衡"水运浑象"理论的基础上又设计制造了"水运浑天仪"。

水运浑天仪上刻有二十八宿，注水激轮，每天一周，恰恰与天体周日视运动一致。水运浑天仪一半在水柜里，柜的上框。整个水运浑天仪既能演示日、月、星辰的视运动，又能自动报时。这是世界上最早的计时器，比外国自鸣钟的出现早了600多年。一行等人所创造的成就远远超过了张衡。

085

■ 一行再测量

一行还首次用科学方法实测地球子午线，居世界领先地位。他组织了一批天文工作者利用这两台仪器进行天文观测，取得了一系列关于日、月、星辰运动的第一手资料。

他还组织人力在全国各地测量日影，实际上这就是对地球子午线的测定，这是一行在天文学上最重要的贡献。

一行还主持全国范围内的大规模天文大地测量。这项工作是为了使新历法《大衍历》能普遍适用于全国各地。

一行在全国选择了12个观测点，并派人实地观测，自己则在长安总体统筹指挥。其中负责在河南进行观测的南宫说等人所测得的数据最科学，也最有意义。

一行他们选择了经度相同、地势高低相似的4个

子午线 也称经线，和纬线一样是人类为度量方便而假设出来的辅助线，定义为地球表面连接南北两极的大圆线上的半圆弧。任两根经线的长度相等，相交于南北两极点。每一根经线都有其相对应的数值，称为经度。经线指示南北方向。

僧人一行塑像

地方进行设点观测，分别测量了当地的北极星高度，冬至、夏至和春分、秋分四时日影的长度，以及四地间的距离。

最后经一行统一计算，得出了北极高度差1度，南北两地相距351里80步，即现在的129.2千米的结论。这虽然与现在1度长111.2千米的测量值相比有较大误差，但这是世界上第一次用科学方法进行的子午线实测，在科学发展史上具有划时代的意义。

对于一行组织的子午线长度测量，著名科技史专家李约瑟的评价是："科学史上划时代的创举。"

一行在天文和历法上所取得的卓越成就在人类文明史上占有重要地位，而且他所重视的实际观测的科学方法，极大地促进了天文学的发展。在他之后，实际观测就成了历代天文学家从事学术研究时采用的基本方法，引导着学者们破解了一层层的天文奥秘。

科学精英与求索发现

阅读链接

一行在幼年时聪敏老成，读书过目不忘。他依止于普寂禅师，曾于大法会中将卢鸿居士为法会所撰的一千言序文，略读一遍，即可朗朗述出，不漏一字，卢鸿惊其为神人，赞佩不已。唐玄宗皇帝闻名，召入宫内，问他有何才能？

他说："只一点点记忆力而已。"

玄宗随手拿出一本名册给他看，他略一翻阅，便合上本子，按序呼名而出，不少一人，不错一字。唐玄宗听了，佩服至极，不觉走下龙床，向他合十施礼赞叹道："禅师真是一位大圣人啊！"

济世救人的药王孙思邈

　　孙思邈（581—682），生于唐代时京兆华原，即今陕西耀县。孙思邈是我国乃至世界史上最伟大的医学家和药物学家，千余年来，他一直受到人们的高度评价和崇拜。被后人誉为"药王"，许多华人奉之为"医神"。

　　孙思邈一生勤于著书，一生著书80多本，其中以《千金药方》《千金翼方》影响最大，两部巨著合称为《千金方》，它是唐代以前医药学成就的系统总结，被誉为我国最早的一部临床医学百科全书，对后世医学的发展影响深远。

孙思邈画像

孙思邈7岁时读书，就能"日诵千言"，每天背诵上千字的文章。西魏大将独孤信赞其为"圣童"。但是，孙思邈幼年体弱多病，因汤药之资而罄尽家产。由于幼年多病，他18岁立志学医，20岁即为乡邻治病。

孙思邈对古代医学有深刻的研究，对民间验方十分重视，一生致力于医学临床研究，对内、外、妇、儿、五官、针灸各科都很精通，有多项成果开创了我国医药学史上的先河。特别是在论述医德思想，倡导妇科、儿科、针灸穴位等方面，都是前无古人的。

孙思邈是继张仲景之后我国第一个全面系统研究中医药的先驱者，为祖国的中医发展建树了不可磨灭的功德。

孙思邈治疗过很多病人，并把各个病人的病状和在医疗过程中的情况，详细记录下来。他在总结自

■ 孙思邈治病救人壁画

孙思邈采药壁画

己行医经验，并参考大量古今资料的前提下，创作了
《千金要方》和《千金翼方》等重要著作。从孙思邈
的医学著作里我们可以看出，他既有实事求是的科学
精神，又有卓越的创造才能。

在治疗疑难杂症方面，孙思邈有独到的见解和方
法。他善于总结经验，并且根据自己长期的临床实
践，创造性地提出了很多治疗疾病的有效方法。

在当时，山区的人很容易患粗脖子病，这就是现
代医学所说的因缺碘导致的单纯性甲状腺肿大。孙思
邈当时虽然不知道什么叫作碘质，但他已经知道这种
病是由于久居山区而引起的，并且用昆布、海藻等含
碘丰富的动、植物，完全可以治疗这种病。

对于医治夜盲症的方法，孙思邈说，牛肝明目，
肝补肝，明目。他用动物肝脏给患夜盲症的人当药服
用，而动物的肝脏正是含有大量维生素A。

昆布 海带科植物。昆布可用来纠正由缺碘而引起的甲状腺功能不足，同时也可以暂时抑制因甲状腺功能亢进的新陈代谢率而减轻症状，但不能持久，可做手术前的准备。

维生素B 即维生素乙，是B族维生素的总称。维生素B都是水溶性维生素，它们具有协同作用，调节新陈代谢，维持皮肤和肌肉的健康，增进免疫系统和神经系统的功能，促进细胞生长和分裂，预防贫血发生。

牛痘 与天花同义。牛痘是由天花病毒引起的一种烈性传染病，也是至目前为止，在世界范围被人类消灭的第一种传染病。天花是感染痘病毒引起的，无药可治，患者在痊愈后脸上会留有麻子，"天花"由此得名。

对于医治脚气病，孙思邈则用杏仁、防风、吴茱萸、蜀椒等含维生素B很多的药品来治疗。他还说，用谷皮煮汤和粥吃，可以防止脚气病，而谷皮也是含有一定的维生素B。

在药物研究方面，孙思邈除了研究治疗营养缺乏的药物以外，对一般药物也很有研究。例如他用白头翁、苦参子、黄连治疗痢疾，用常山、蜀漆治疗疟疾，用槟榔治绦虫，用朱砂、雄黄来消毒等，都收到了很好的效果。

他在著作中列举了600多种药材，其中有200多种都详细地说明了什么时候可以采集花、茎、叶，什么时候适宜于采集根和果。

孙思邈还曾经用疯犬的脑浆来治疯犬病。这就是所谓"以毒攻毒"，用毒物和病菌来增强人的抗病力量。这与后来用种牛痘来预防天花，接种卡介苗防止肺结核，以及用其他各种疫苗来预防疫病，是同一个道理。

孙思邈还提出妇儿分科的主张，特别注意妇女和小孩疾病的医治。他在自己的著作中阐释了相关的治疗指导思想：没有小孩就没有大人，如何把小孩抚育好，是很重要的问题。他的著作首先讲妇女和小孩的疾病，然后再讲成年和老

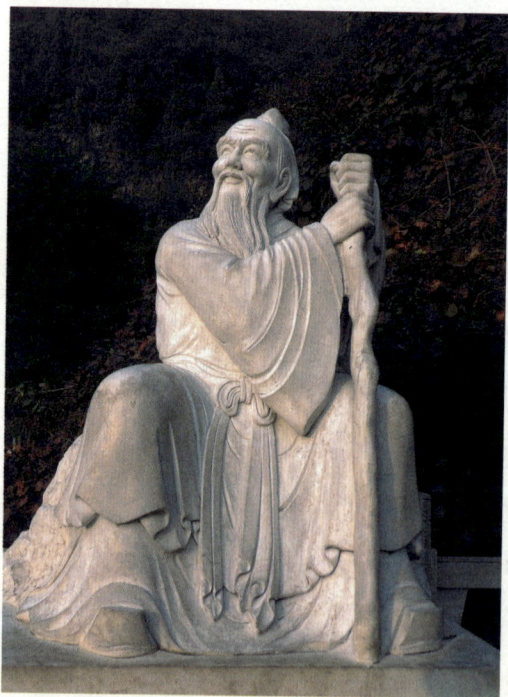
■ 孙思邈雕像

年的疾病。

孙思邈特别指出，妇女的病和男子的病不同，小孩的病和成年人的病不同，所以在治疗时应该特别注意。

孙思邈主张小儿病和妇女病都应该另立一科，后来妇科、儿科医学理论和医疗技术的发展，证明孙思邈这一主张的正确。

孙思邈在他的著作中，对于如何处理难产，如何治疗产前产后的并发症，有详细的说明。

■ 药王孙思邈采药画像

孙思邈说："孕妇不能受惊，临产的时候精神要安静，不能紧张，接生的人和家里的人都不能惊慌，或者流露出忧愁或不愉快的情绪。"他认为这些都容易引起难产或产妇的其他病症。

另外，孙思邈对于胎儿和小儿的发育程序的记载，也是很正确的。婴儿生下来以后，要立刻擦去小嘴里的污物，以免窒息或者吃下去引起疾病。婴儿生下来如果不哭，就要用葱白轻轻敲打，或者对小嘴吹气，或者用温水给婴儿沐浴，直至婴儿能哭出声来为止。这一切都是合乎科学的。

关于抚育小孩，孙思邈主张衣服要软，但不能太厚、太暖。要把小孩时常抱到室外去晒晒太阳，呼吸

卡介苗 是一种用来预防儿童结核病的预防接种疫苗。接种后可使儿童产生对结核病的特殊抵抗力。卡介苗接种的主要对象是新生婴幼儿，接种后可预防发生儿童结核病，特别是能防止那些严重类型的结核病，如结核性脑膜炎。

科学精英与求索发现

■ 孙思邈采药塑像

病菌 能使人或其他生物生病的致病微生物。病菌是机体致病的微小生物，其形体微小，它们通过多种途径进入人体，并在人体内繁殖，感染人体。病菌是无孔不入的。

新鲜空气，否则小儿会像长在阴暗地方的花草，身体一定软弱。小孩吃东西也不能过饱。他还对选择乳母的条件，哺乳的时间、次数和分量，以及其他种种护理方法，也都作了说明。

他的这些见解，到今天都还有一定的实践意义。

孙思邈还提供了预防疾病的方法。讲求卫生、预防疾病，在孙思邈的医学思想上占着重要的地位。

孙思邈在《千金方》里，曾经介绍用苍术、白芷、丹砂等来消毒的方法，防止病菌的传播。他告诫人们不要随地吐痰，注重公共卫生。

孙思邈特别提醒人们，要注意节制身心活动，不要过分疲劳。

他说："人一定要劳动，但不要过分疲劳。"他还强调合理饮食。他说："吃东西要嚼烂、缓咽，不要吃得过饱，饮酒不能过量，肉要煮烂再吃。"

此外，他还劝大家饭后漱口，睡眠时不要张着口，不要把头蒙在被子里睡，不要在炉边或露天睡眠等。上述这些建议都是值得被采纳的有效措施。孙思邈能够活到100多岁，这同他注意卫生、预防疾病有很大的关系。

孙思邈在针灸方面也有突出的贡献。他绘制了《明堂针灸图》，对针灸的腧穴加以统一。他强调针、药应该并用，他说："针而不灸和灸而不针，不是好医生；针灸而不药，或药而不针灸，也不是好医生。针药并用，才是良医。"

这种用综合治疗方法来提高医疗效果的思想，扁鹊和华佗都很重视，孙思邈则特别加以提倡。这种思想，在今天已得到了很大的发展。

孙思邈提出"大医精诚"的宏论，至今仍对临床医生具有广泛的教育意义。

阿是穴 又名不定穴、天应穴、压痛点。这类穴位一般都随病而定，在病变的附近部位或较远部位，没有固定的位置和名称。它的取穴方法即人们常说的"有痛便是穴"。临床上医生根据按压式的方法，察知病人有酸、麻、胀、痛、重等感觉和皮肤变化，从而予以临时认定。

■ 孙思邈炼丹

孙思邈贡像

他要求医生对技术要精，对病人要诚。他认为医生在临症时应安神定志，精力集中，认真负责。不得问其贵贱贫富，长幼美丑，怨亲善友，本族外族，聪明愚昧，应该要一样看待。在治疗中，医生要不避危险、昼夜、寒暑、饥渴与疲劳，全心赴救病人，不得自炫其能，贪图名利。

事实上，这也正是孙思邈身体力行，躬身实践的写照。

孙思邈在医药医疗上还创造了很多个"第一"：第一个完整论述医德；第一个治疗麻风病；第一个发明手指比量取穴法；第一个创立"阿是穴"；第一个提出用草药喂牛，而使用其牛奶治病；第一个提出并试验成功野生药物变家种；第一个发明导尿术；等等。

孙思邈一生以济世救人为己任，他的高尚医德和高超医术足为百世师范！

科学精英与求索发现

阅读链接

话说唐太宗李世民的长孙皇后怀孕已10个多月不能分娩，大臣徐茂功便推荐孙思邈。

由于有"男女授受不亲"的礼教束缚，孙思邈就在细问病情后，取出一条红线，叫宫女把线的一端系在皇后右手腕上，另一端从竹帘拉出来，孙思邈捏着线的一端，在房间外"引线诊脉"。

没多久，孙思邈吩咐宫女将皇后的手扶近竹帘，他看准穴位猛扎一针，皇后疼得浑身一颤。随即，只听婴儿呱呱啼哭之声，产下了皇子，人也苏醒了。最后皆大欢喜。

从五代十国至元代是我国历史上的近古时期。五代十国时期战乱频仍，社会经济遭到破坏。但此间50年蓄积的能量，竟在北宋政权刚一建立就爆发开来，并迅速使科技发展达到高峰。

沈括以巨著《梦溪笔谈》记载和总结了当时的科技成就。元代制定了有利于经济建设的措施，在这一政治环境中，郭守敬完成了《授时历》的编制，王祯也完成了他的农书。

在我国近古时期，有了沈括、郭守敬和王祯这样的科技翘楚，我国科技史之光更加光彩夺目。

科技巨擘

我国科学史上之翘楚沈括

沈括（1031—1095），字存中，号梦溪丈人。生于北宋时钱塘，即今浙江省杭州市。是北宋时一位博学多才、成就卓著的学者，也是11世纪世界一流的科学家。精通天文、数学、物理学、化学、地质学、气象学、地理学、农学和医学。他还是卓越的工程师、出色的外交家。

晚年以平生见闻撰写的笔记体巨著《梦溪笔谈》，不仅是我国古代的学术宝库，而且在世界文化史上也有重要的地位。沈括也因而被称为"中国科学史上最卓越的人物"。

北宋科学家沈括画像

■ 王安石变法 是我国历史上北宋政治家王安石针对当时"积贫积弱"的社会现实，以富国强兵为目的，掀起的一场轰轰烈烈的改革。他颁布了"农田水利法"、均输法、青苗法、市易法、方田均税法，并推行保甲法和将兵法以强兵。

沈括生于一个官僚家庭。他的祖父、父亲、外公、舅舅都做过官，母亲许氏，又是一个有文化教养的妇女。在良好的家庭环境中，沈括14岁就读完了家中的藏书。

后来他跟随父亲到过福建、江苏、四川和京城开封等地，有机会接触社会，对当时人民的生活和生产情况有所了解，增长了不少见闻，也显示出了超人的才智。

1063年，沈括考中进士，此后，他参与王安石变法运动，赴两浙考察水利，出使辽国，任翰林学士，整顿陕西盐政等。他文武双全，不仅在科学上取得了辉煌的成绩，而且为保卫北宋的疆土也作出过重要贡献。

北宋时期，阶级矛盾和民族矛盾都十分尖锐。辽和西夏贵族统治者经常侵扰中原地区，掳掠人口牲畜，给社会经济带来很大损失。

沈括坚定地站在主战派一边，在1074年担任河北西路察访使和军器监长官期间，他攻读兵书，精心研究城防、阵法、兵车、兵器、战略战术等军事问题，编成《修城法式条约》和《边州阵法》等军事著作，把一些先进的科学技术成功地应用在军事上。

沈括还对弓弩甲胄和刀枪等武器的制造进行过深入研究，为提高兵器和装备的质量作出了一定贡献。

沈括辛勤努力，刻苦钻研，终于获得了辉煌的科学成就。这些成

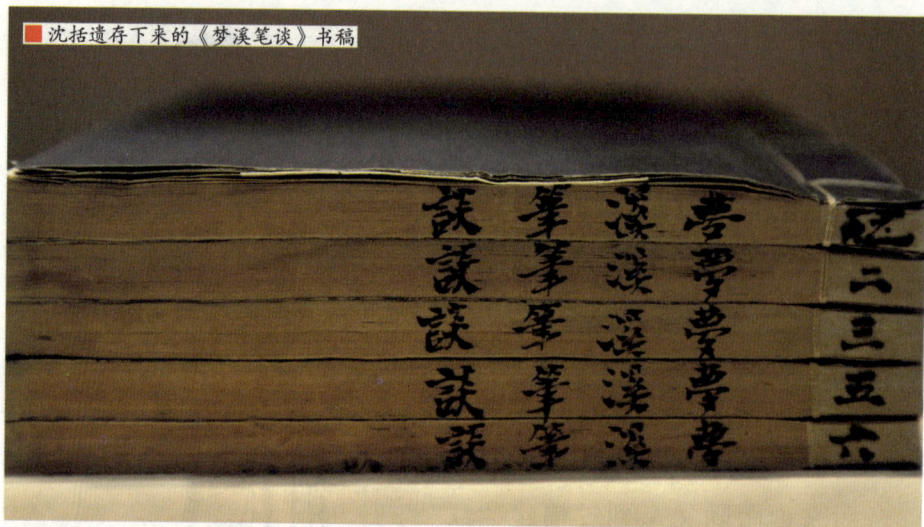
■ 沈括遗存下来的《梦溪笔谈》书稿

就集中体现在他晚年于镇江梦溪园写成的《梦溪笔谈》一书中。

《梦溪笔谈》不仅为我们介绍了我国古代劳动人民在科学技术方面的成就，保存了丰富的极有价值的资料；同时也使我们了解到这位杰出的学者在科学上的贡献和认真不苟的研究态度。

《梦溪笔谈》共26卷，另有《补笔谈》3卷，《续笔谈》1卷，共609条。涉及的方面非常广泛，内容极其丰富。下面分别就天文、历法、数学、物理、化学、地学、医药和生物、历史与考古、艺术等主要内容略加介绍。

在天文方面，据《梦溪笔谈》记载，沈括曾连续用了3个月的时间，每天夜间用天文测量用的"窥管"观测北极星的位置。他把初夜、中夜和后夜所看到的北极星的方位分别画在图上，一共画了200多幅。经过精心研究，最后他得出了当时北极星同北极的距离为3度多的科学结论。

在历法方面，沈括主张实行阳历，就是不以月亮的朔望定月，而是根据节气定月，取消闰月，也就是把一年分为12个月，大月31天，小月30天。实行这种历法，就可以避免计算和安排闰月的麻烦，同时节气也会更准确。

这是一种科学、进步的历法，当时如能采用，对农业生产是有很大便利的。但是由于保守派的反对，他的新历法没有被采用。

沈括的新历法当时虽然没有实行，但是在他的援引和帮助之下，当时一位平民出身的历算家卫朴得以进入司天监，担任改革旧历法的工作。经过5年的努力，卫朴完成了一部比前代历法更为精密准确的《奉元历》。这部《奉元历》曾在宋朝颁行了18年。

沈括在数学方面也有精湛的研究。他从实际计算需要出发，创立了"隙积术"和"会圆术"。沈括通过对酒店里堆起来的酒坛和垒起来的棋子等有空隙的堆体积的研究，提出了求它们的总数的正确方法，这就是"隙积术"，也就是二阶等差级数的求和方法。

沈括的研究，发展了自《九章算术》以来的等差级数问题，在我国古代数学史上开辟了高阶等差级数研究的方向。

阳历 又称太阳历，是以地球绕太阳公转的运动周期为基础而制定的历法。世界通行的公历，是人们最熟悉的一种历法。这部历法浸透了人类几千年间所创造的文明，是古罗马人向埃及人学得，并随着罗马帝国的扩张和基督教的兴起而传播于世界各地。

近古时期

科技巨擘

■《梦溪笔谈》

科学鼻祖

科学精英与求索发现

■ 沈括著作《梦溪笔谈》

此外，沈括还从计算田亩出发，考察了圆弓形中弧、弦和矢之间的关系，提出了我国数学史上第一个由弦和矢的长度求弧长的比较简单实用的近似公式，这就是"会圆术"。

"会圆术"的创立，不仅促进了平面几何学的发展，而且在天文计算中也起到了重要的作用，并为我国球面三角学的发展作出了重要贡献。

在物理方面，沈括发现了地磁偏角。《梦溪笔谈》记载了一些有关磁学的知识。

沈括除了用磁石磨制钢针，制成了人造磁性指南针之外，还在《梦溪笔谈》中介绍了自己所发明的支挂指南针的4种不同的方法：第一种是浮在水面上；第二种是搁在指甲上；第三种搁置在碗边上；第四种用丝悬挂着。

4种方法以悬丝法最为完善，最适宜于在动荡不定的海船上使用。沈括发现指南针所指的方向不是正

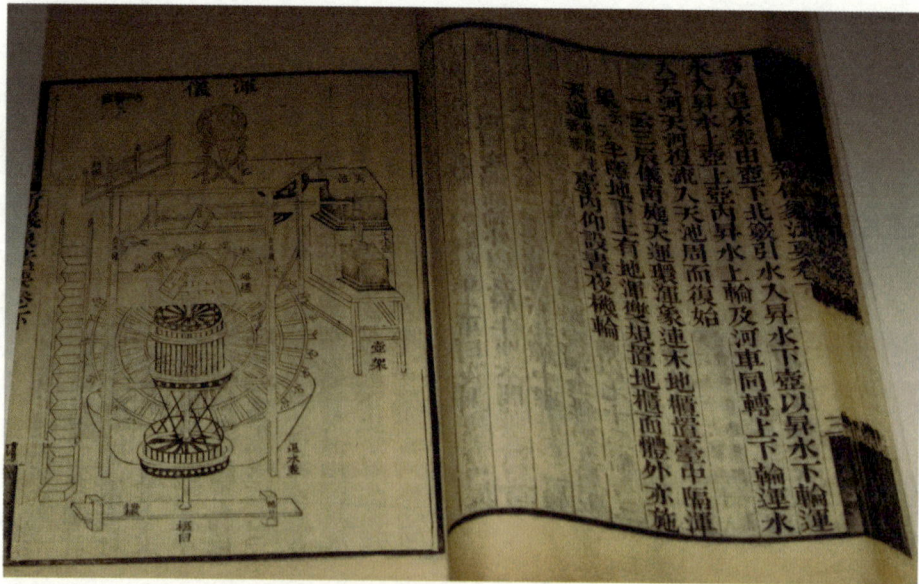

南而稍微偏东的现象，这就是现代物理学所称的"磁偏角"。

在光学方面，沈括也有重要发现。当他看见凹面镜映入的物体呈现倒影现象后，便进行反复试验：用手指对准镜面，镜面上映出的是正像；但当他把手指向后移到焦点上时，镜面上的影像就看不见了。然后他再把手指离开焦点逐渐向外移开，镜面上便出现了倒像。他还用凹面镜做过向日取火的实验。沈括通过这些实验最后得出光线通过小孔同焦点形成"光束"的光学原理。

■ 沈括画像

在化学方面，沈括也取得了一定的成就。他在出任延州时曾经考察研究延州境内的石油矿藏和用途。他利用石油不容易完全燃烧而生成炭黑的特点，首先创造了用石油炭黑代替松木炭黑制造烟墨的工艺。

他已经注意到石油资源丰富，还预测到"此物后必大行于世"，这一远见已为今天所验证。另外，"石油"这个名称也是沈括首先使用的，比以前的石漆、石脂水、猛火油、火油、石脑油、石烛等名称都贴切得多。

在《梦溪笔谈》中有关"太阴玄精"的记载里，沈括根据物质形状、潮解、解理和加热失水等性能的不同，区分出几种晶体，指出它们虽然同名，却并不是一种东西。他还讲到了金属转化的实例，如用硫酸

凹面镜 凹面的抛物面镜，平行光照于其上时，通过其反射而聚在镜面前的焦点上，反射面为凹面，焦点在镜前，当光源在焦点上，所发出的光反射后形成平行光束，也叫凹镜、会聚镜。

科学鼻祖

科学精英与求索发现

■ 北宋汴梁城模型

铜溶液把铁变成铜的化学现象。

　　他记述的这些鉴定物质的手段，说明当时人们对物质的研究已经突破单纯表面现象的观察，而开始向物质的内部结构探索进军了。

　　沈括在地学方面也有许多卓越的论断，反映了我国当时地学已经达到了先进水平。他正确论述了华北平原的形成原因：根据河北太行山山崖间有螺蚌壳和卵形砾石的带状分布，推断出这一带是远古时代的海滨；而华北平原是由黄河、漳水、滹沱河、桑乾河等河流所携带的泥沙沉积而形成的。

　　当他察访浙东的时候，观察了雁荡山诸峰的地貌特点，分析了它们的成因，明确地指出这是由于水流侵蚀作用的结果。他还联系西北黄土地区的地貌特征，作了类似的解释。

　　他还观察研究了从地下发掘出来的类似竹笋以及

砾石 是风化岩石经水流长期搬运而成的无棱角的天然粒料。是沉积物分类中的一种名称。由暴露在地表的岩石经过风化作用而成；常沉积在山麓和山前地带；或由于岩石被水侵蚀破碎后，经河流冲刷沉积后产生；砾石胶结后形成砾岩或角砾岩。

桃核、芦根、松树、鱼蟹等各样化石，明确指出它们是古代动物和植物遗迹，并根据化石推论了古代自然环境。这些都表现了沈括可贵的唯物主义思想。

沈括视察河北边防的时候，曾经把所考察的山川、道路和地形，在木板上制成立体地理模型。这个做法很快便被推广到边疆各州。

1076年，沈括奉旨编绘《天下州县图》。他查阅了大量档案文件和图书，经过近20年坚持不懈的努力，终于完成了我国制图史上《守令图》这部巨作。

这是一套大型地图集，共计20幅，其中有大图1幅，长1.2丈，宽1丈；小图1幅；按当时行政区划，全国分作18路，据此制作各路图18幅。图幅之大，内容之详，都是以前少见的。

在制图方法上，沈括提出分率、准望、互融、傍验、高下、方斜、迁直等9个方法。他还把四面八方细分成24个方位，使图的精度有了进一步提高，为我国古代地图学作出了重要贡献。

沈括还应用比例尺的办法来表明地图上的实际距离。他在地图上

《梦溪笔谈》记载民情蜡像

科学精英与求索发现

■ 毕昇发明活字印刷术

苏轼（1037—1101），字子瞻，一字和仲，号东坡居士。生于北宋时眉州眉山，即四川省眉山市。北宋文豪，宋词"豪放派"代表。追谥"文忠"。他在文学艺术方面堪称全才。词开豪放一派，对后世有巨大影响。代表词作有《念奴娇·赤壁怀古》和《水调歌头·丙辰中秋》等，传诵甚广。诗文有《东坡全集》等。

把50千米缩成2寸，绘成一部"天下郡县图"，同时又把全国郡县的位置用文字详细准确地记录下来。这样，即使地图遗失了，还可以根据记录重新绘制。

沈括所用的这种绘图方法是很科学的。我们现在用的一般地图，除了测量地形用的仪器比以前更精确和利用经纬线以外，基本原理和沈括所用的并没有什么不同。

沈括对医药学和生物学也很精通。他在青年时期就对医学有浓厚兴趣，并且致力于医药研究，收集了很多验方，治愈过不少危重病人。同时他的药用植物学知识也十分广博，并且能够从实际出发，辨别真伪，纠正古书上的错误。曾经提出"五难"新理论。

沈括的医学著作有《沈存中良方》等。现存的《苏沈良方》是后人把苏轼的医药杂说附入《良方》之内合编而成的，现有多种版本行世。《梦溪笔谈》

及《补笔谈》中，都有涉猎医学，如提及秋石之制备，论及44种药物之形态、配伍、药理、制剂、采集、生长环境等。

在历史与考古方面，《梦溪笔谈》中保存了许多有价值的科学史资料。最主要的是关于活字板印刷术、水利和建筑方面的记述。

《梦溪笔谈》中关于活字板印刷术的记载，是我们今天对于毕昇的活字板印刷术的设备和使用情况所能得到的唯一详尽的资料。我们今天还能够这样清楚地了解到1000多年前这一伟大发明的情形和具体操作方法，这不能不归功于沈括。

《梦溪笔谈》中记录了一些重要历史事件的真实情况，特别是对于993年四川王小波、李顺所领导的农民起义有一段比较详细的记述。

他在这一段记载中以生动、凝练的文字记下了起义军的进步政策和严明的纪律。从中我们可以看出，

毕昇（约970—1051），北宋淮南路蕲州蕲水，即今湖北黄冈人。宋庆历年间，他根据实践经验，发明胶泥活字印刷技术。他的字印为沈括家人收藏，其事迹见《梦溪笔谈》卷18。

五难 即妨碍养生之道的5种情欲。三国时的嵇康在《答难养生论》中说："养生有五难：名利不灭，此一难也。喜怒不除，此二难也。声色不去，此三难也。滋味不绝，此四难也。神虑消散，此五难也。"

■ 北宋时乐器演奏

沈括故居

科学鼻祖
科学精英与求索发现

沈括本身虽然是封建统治阶级中的人物，但是他对于农民起义的记载还是比较真实的，敢于揭露历史的真相。

此外，沈括在《梦溪笔谈》中对于许多出土文物的时代、形状、文字、花纹及古代的服装、度量衡制度等，都加以详细的考证。他在这方面所做出的劳绩，对于宋朝新兴起来的考古学的发展，起了很大的推动作用。

在艺术方面，《梦溪笔谈》这部书不但叙事明确，逻辑性很强，而且文字生动、简练、优美，富有文学色彩，让我们可以从中看出他在文学方面造诣之深。

沈括对于音乐和美术都有很深的爱好。《梦溪笔谈》卷5专论音乐，卷17专论书画。他对古代音乐理论、乐器的制作和使用方法以及少数民族的音乐都有精心的研究，而且还会作曲。他曾写过《乐论》《乐器论》《三乐谱》《乐律》4部著作，可惜这些著作也都失传了。

关于美术，沈括曾指出，当时有一派画家所画的山上亭馆、楼塔、屋檐等，看起来好像都是以从下向上仰视的角度所画出来的形象，从整个画面来说，这种角度是不对的。

因为观画的人并不是置身在画境之中而是站在画面之外，不是仰视而是平视，有如观看盆景中的假山一样。沈括认为如果从下而上仰视的角度来看，只会看见一重山或一幢房屋。因此，前面说的那种画法显然是不对的。

以上所举的一些例子，只不过是《梦溪笔谈》一书的简单轮廓。《梦溪笔谈》广泛地包罗了各方面的知识，但最主要的是关于自然科学方面的研究成果的记录。

《梦溪笔谈》不仅是沈括个人一生辛勤研究的结晶，也是我国劳动人民千百年来积累下来的科学经验的总结。它无疑是祖国文化宝库中的一颗明珠，至今还闪烁着灿烂的光辉。有人把《梦溪笔谈》这部书称作我国科学史上的"坐标"，把沈括称为"中国科学史上最卓越的人物"，确是实至名归。

当然，由于时代的限制，这部书也同古代其他许多笔记一类的书籍一样，用了相当的篇幅记载了许多迷信荒诞的故事。不过与《梦溪笔谈》的巨大成就相比较，它的缺点还是瑕不掩瑜的。

阅读链接

沈括很有环保观念，很早就指出我们不得随便砍伐树木。

有一次，沈括在书中读到"高奴县有洧水，可燃"这句话。后来他特地进行实地考察。

考察中，沈括发现了一种褐色液体，当地人叫它"石漆"，"石脂"，可用它烧火做饭，点灯和取暖。沈括给这种液体取了一个新名字，叫石油。这个名字一直被沿用到今天。

他当时就想用石油代替松木作为燃料。他说不到必要的时候决不能随意砍伐树木，尤其是古林，更不能破坏！在今天看来其观点是绝对正确的，可当时并未得到重视。

宋代数学家秦九韶

　　秦九韶（1208—1261），字道古，南宋末年人，出生于今山东省曲阜市，南宋官员和著名数学家。他与李冶、杨辉、朱世杰并称为"宋元数学四大家"。他精研星象、音律、算术、诗词、弓剑、营造之学，历任琼州知府、司农丞，后遭贬，卒于梅州任所。

　　秦九韶著作有《数书九章》，其中的大衍求一术、三斜求积术和秦九韶算法，不仅在当时处于世界领先地位，在近代数学和现代电子计算设计中，也都起到了重要作用，被称为"中国剩余定理"。

■ 宋代数学家秦九韶画像

秦九韶从小聪敏勤学，1231年，考中进士，先后在湖北、安徽、江苏、浙江等地担任县尉、通判、参议官、州守等职。

据史书记载，他"性及机巧，星象、音律、算术以至营造无不精究"，还尝从李梅亭学诗词。他在政务之余，以数学为主线进行潜心钻研，而且应用范围甚为广泛：天文历法、水利水文、建筑、测绘、农耕、军事、商业金融等方面。

1244年至1247年，秦九韶在湖州为母亲守孝，3年间，他把长期积累和研究所得的数学知识加以编辑，写成了举世闻名的数学巨著《数书九章》。书成后，并未出版。

原稿几乎流失，书名也不确切。后历经宋、元至明代，此书无人问津，直至明永乐年间，在明朝学者解缙主编《永乐大典》时，才被记书名为《数学九章》。又经过100多年，经王应麟抄录后，由王修改为《数书九章》。

此书不但在数量上取胜，重要的是在质量上也是拔尖的。

进士 在我国古代科举制度中，通过最后一级考试者，称为进士。是古代科举殿试及第者之称。意为可以进授爵位之人。我国科举制度是中国历史上的考试选拔官员的一种基本制度。它源于汉朝，创始于隋朝，历经唐、宋、元、明、清。整整绵延存在了1300年。

县尉 官名。秦、汉制度，与县丞同为县令佐官，掌治安捕盗之事。一般大县两人，小县一人。西汉长安与东汉洛阳，各有县尉。魏、晋、南北朝沿设。西晋洛阳与东晋南朝建康各有六部尉。隋改尉为正，后又置尉，分户曹、法曹。唐初再改为止，县一两人，掌分判诸司之事。

■ 解缙（1369—1415），明朝内阁首辅、著名学者。字大绅，缙绅，号春雨、喜易，谥文毅，江西吉水人，明朝政治人物解纶之弟。他19岁中进士，为明太祖朱元璋所器重。后因上"万言书"批评朝政，被罢官8年之久。永乐初，任翰林学士，主持纂修《永乐大典》，不久，又被排挤出朝。

从历史上来看，秦九韶的《数书九章》可与《九章算术》相媲美；从世界范围来看，秦九韶的《数书九章》也不愧为世界上的数学名著。

他在《数书九章》序言中说，

数学大则可以通神明，顺性命；小则可以经世务，类万物。

所谓"通神明"，即往来于变化莫测的事物之间，明察其中的奥秘；"顺性命"，即顺应事物本性及其发展规律。在秦九韶看来，数学不仅是解决实际问题的工具，而且应该达到"通神明，顺性命"的崇高境界。

《数书九章》全书共9章9类，18卷，每类9题共计81个算题。

该书著述方式，大多由"问曰""答曰""术曰""草曰"4部分组成："问曰"，是从实际生活中提出问题；"答曰"，是给出答案；"术曰"，是阐述解题原理与步骤；"草曰"，是给出详细的解题过程。另外，每类题下还有颂词，词简意赅，用来记述本类算题的主要

科学精英与求索发现

■秦九韶纪念馆

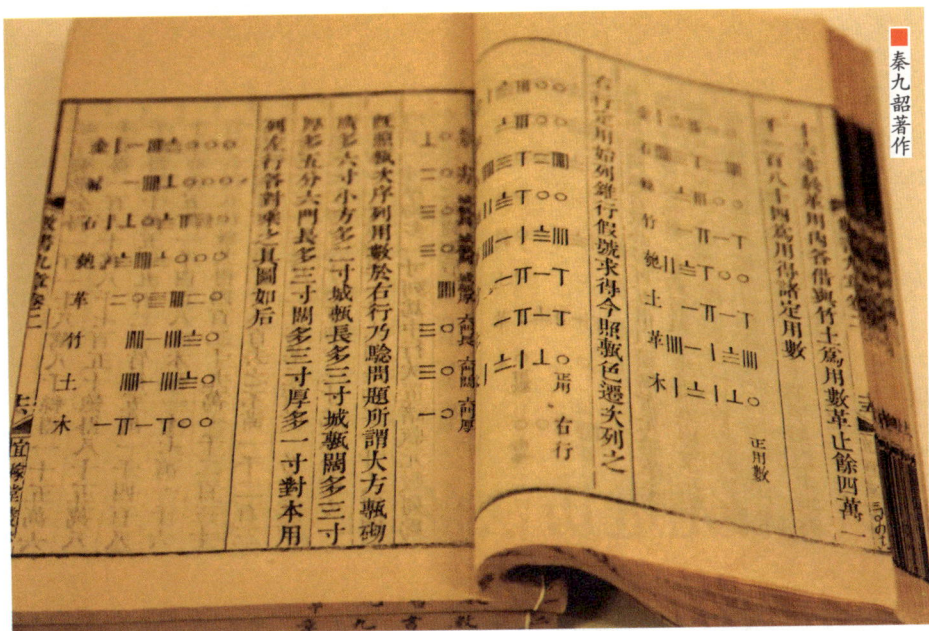

内容、与国计民生的关系及其解题思路等。

此书概括了宋元时期中国传统数学的主要成就，尤其是系统总结和发展了高次方程的数值解法与一次同余问题的解法，提出了相当完备的"正负开方术"和"大衍求一术"。对数学发展产生了影响。

阅读链接

秦九韶创造的"大衍求一术"，不仅在当时处于世界领先地位，而且在近代数学和现代电子计算设计中也起到了重要作用，被称为"中国剩余定理"。

他所论的"正负开方术"，被称为"秦九韶程序"。世界各国从小学、中学到大学的数学课程，几乎都接触到他的定理、定律和解题原则。

秦九韶在数学方面的研究成果，比英国数学家取得的成果要早800多年。

修订最先进历法的郭守敬

科学精英与求索发现

郭守敬（1231—1316），字若思。生于元朝顺德邢台，即今河北省邢台市。元朝天文学家、数学家、水利专家和仪器制造专家。

郭守敬幼承祖父郭荣家学，攻研天文、算学和水利。他编撰的天文历法著作有《推步》《立成》《历议拟稿》《仪象法式》《上中下三历注式》和《修历源流》等14种，共105卷。他修订的新历法《授时历》，是当时世界上最先进精良的一种历法，通行360多年。1981年，为纪念郭守敬诞辰750周年，国际天文学会将月球背面的一环形山命名为"郭守敬环形山"，将小行星2012命名为"郭守敬小行星"。

■ 天文学家郭守敬画像

■ 王恂 （1235—1281），字敬甫。中山唐县，即今河北唐县人。元代数学家、文学家。幼时师从刘秉忠学习数学、天文，后与郭守敬一道从刘秉忠学习数学和天文历法，精通历算之学。

郭守敬父亲的名字无从可考，他的祖父叫郭荣，精通五经，熟知天文、算学，擅长水利技术，是金元之际一位颇有名望的学者。

郭守敬幼承祖父郭荣家学，在十五六岁的时候就显露出了科学才能。那时他得到了一幅"莲花漏图"。他对图样作了精细的研究，居然摸清了莲花漏的制造方法和原理，试做了一套正规的莲花漏铸铜器，后来元朝政府里的天文台也采用了这种器具。

年纪才十五六岁的郭守敬居然有这样的作为，这就足以证明他的确是一个能够刻苦钻研的少年。

郭荣为了让他孙儿开阔眼界，得到深造，就把郭守敬送到自己的同乡老友刘秉忠门下去学习。刘秉忠精通经学和天文学。

在这里，郭守敬大开眼界，还结识了一位好朋友王恂，他们后来在天文历法工作中密切合作，作出了卓越的贡献。

不久，刘秉忠被元世祖忽必烈召进京城。临行前，刘秉忠把郭守敬介绍给了自己的老同学张文谦。郭守敬跟着张文谦到各处勘测地形，筹划水利方案，并帮忙做些实际工作。

几年之间，郭守敬的科学知识和技术经验更丰富了。张文谦看到郭守敬已经渐趋成熟，在1262年，把他推荐给元世祖忽必烈，说他熟悉水利，聪明过人。

郭守敬初见元世祖，就当面提出了6条水利建议。第一条建议是修

科学精英与求索发现

临安 宋室南迁，1138年定都于浙江杭州，改称临安。此后便扩建原有的吴越宫殿，增建礼制坛庙，疏浚河湖，增辟道路，改善交通，发展商业、手工业，使之成为全国的政治、经济、文化中心。直至1276年南宋灭亡，前后共计138年。

复从当时的中都到通州的漕运河道；第二第三条是关于他自己家乡地方用水和灌溉渠道的建议；第四条是关于磁州、邯郸一带的水利意见的建议；第五第六条是关于中原地带沁河河水的合理利用和黄河北岸渠道建设的建议。

这6条都是经过仔细查勘后提出来的切实的计划，对于经由路线、受益面积等项都说得清清楚楚。

元世祖认为郭守敬的建议很有道理，就命他掌管各地河渠的整修和管理等工作。

1264年，张文谦被派往西夏巡察，他带了擅长水利的郭守敬同行。郭守敬到了那里，立即着手疏通旧渠，开辟新渠，又重新修建起许多水闸、水坝。由于大家动手，这些工程竟然在几个月之内就完工了。

1265年，郭守敬回到了上都，被任命为都水少监，协助都水监掌管河渠、堤防、桥梁、闸坝等的

■ 儿时的郭守敬

修治工程。1271年升任都水监。1276年都水监并入工
部，他被任为工部郎中。

■ 郭守敬创制观测
工具的画面

1276年，元军攻下了南宋首都临安，全国统一已
成定局。元世祖决定改订旧历，颁行元朝自己的历
法。这件工作名义上以张文谦为首脑，但实际负责历
局事务和具体编算工作的是精通天文、数学的王恂。

当时，王恂就想到了老同学郭守敬。虽然郭守敬
担任的官职一直是在水利部门，但他擅长制器和通晓
天文。因此，郭守敬由王恂推荐，参加修历，奉命制
造仪器，进行实际观测。

从此，郭守敬的科学活动又揭开了新的一章，他
在天文学领域里发挥了高超的才能。

大都天文台的仪器和装备杂乱不堪，有的已经老
化。天文台所用的圭表因年深日久而变得歪斜不正，
郭守敬立即着手修理，把它扶置到准确的位置。这些

大都 元朝都城。
其址即今北京的
部分地区。元大
都奠立了近代北
京城的雏形，是
当时世界最大的
都市之一。至今
留存的元大都建
筑有白塔寺、白
云观、国子监、
孔庙、建国门司
天台等。

科学鼻祖

科学精英与求索发现

■ 郭守敬创制的观测器仰仪

二十八宿 是古人为观测日、月、五星运行而划分的28个星区，用来说明日、月、五星所运行到的位置。每宿包含若干颗恒星。是我国传统文化中的主题之一，广泛应用于我国古代天文、宗教、文学及星占、星命、风水、择吉等术数中。

仪器终究是太古老了，虽经修整，但在天文观测必须日益精密的要求面前，仍然显得不相适应。郭守敬不得不改进和创制一套更精密的仪器。

这些仪器装备中的浑仪还是北宋时代的东西。郭守敬只保留了浑仪中最主要最必需的两个圆环系统，并且把其中的一组圆环系统分出来，改成另一个独立的仪器，把其他系统的圆环完全取消。这样就从根本上改变了浑仪的结构。

再把原来罩在外面作为固定支架用的那些圆环全都撤除，用一对弯拱形的柱子和另外4根柱子承托着留在这个仪器上的一套主要圆环系统。这样，圆环就四面凌空，一无遮拦了。

这种结构，比起原来的浑仪来，真是又实用，又简单，所以取名"简仪"。简仪的这种结构，同现代称为"天图式望远镜"的构造基本上是一致的。在欧洲，像这种结构的测天仪器，直到18世纪以后才开始从英国流传开来。

郭守敬用这架简仪作了两项精密的观测，一项是黄道和赤道的交角的测定；另一项观测是二十八宿距度的测定。这两项观测，对后来新历的编算具有重大的意义。

郭守敬还独创了一件仪器。这件仪器是一个铜制的中空的半球面，形状像一口仰天放着的锅，名叫"仰仪"。

仰仪是采用直接投影方法的观测仪器，非常直观、方便。例如，当太阳光透过中心小孔时，在仰仪的内部球面上就会投影出太阳的映像，观测者便可以从网格中直接读出太阳的位置了。

尤其在日全食时，它能测定日食发生的时刻，利用仰仪能清楚地观看日食的全过程，连同每一个时刻、日食的方位角、食分多少和日面亏损的位置、大小都能比较准确地测量出来。

这架仪器甚至还能观测月球的位置和月食情况，被称为"日食观

郭守敬画像

■ 浑仪模型

测工具的鼻祖"。

　　仰仪被流传到朝鲜和日本以后，那里便取消了璇玑板，改成尖顶的晷针，从而成为纯粹的日晷，被称为仰釜日晷。

　　郭守敬改进的简仪和独创的仰仪，在编订新历时提供了不少精确的数据，这确是新历得以成功的一个重要原因。

　　天文台的仪器装备已经基本完备，于是，王恂、郭守敬等人同一位尼泊尔的建筑师阿尼哥合作，在大都兴建了一座新的天文台，台上就安置着郭守敬所创制的那些天文仪器。它是当时世界上设备最完善的天文台之一。

　　由于郭守敬的建议，1279年，元世祖派了14位天文学家，到当时大都以外的国内26个地点，进行几项重要的天文观测。在其中的6个地点，特别测定了夏

黄岩岛 是我国三沙市管辖中沙群岛中唯一露出水面的岛礁，位于北纬15度07分，东经117度51分，距中沙环礁约160海里。黄岩岛是我国固有领土。1279年，元代郭守敬进行"四海测验"时，曾在我国南海的黄岩岛设立测量点。

至日的表影长度和昼、夜的时间长度。

这些观测的结果，都为编制全国适用的历法提供了科学的数据。这一次天文观测的规模之大，在世界天文学史上也是少见的。

这是一次意义深远的"四海测验"。值得敬佩的是，郭守敬奉旨进行"四海测验"，在南海的测量点就在我国黄岩岛。

经过王恂、郭守敬等人的集体努力，至1280年春天，一部新的历法宣告完成。按照"敬授民时"的古语，取名"授时历"。同年冬天，正式颁发了根据《授时历》推算出来的下一年的日历。

《授时历》颁行不久，几个主要的参加编历工作的人，退休的退休，死的死，王恂也病逝了。但有关这部新历的许多算草、数表等都还是一堆草稿。于是，最后的整理定稿工作全部落到郭守敬的肩上。

日晷 本义是指太阳的影子。现代的"日晷"指的是我国古代利用日影测得时刻的一种计时仪器，又称"日规"。其原理就是利用太阳的投影方向来测定并划分时刻，通常由晷针和晷面组成。

■ 北京古观象台

■ 郭守敬指挥开通通惠河

科学精英与求索发现

通惠河 元代挖建的漕运河道，由郭守敬主持修建。自1292年开工，1293年竣工，元世祖将此河命名为通惠河。通惠河不仅是北京的一条经济命脉，也是北京著名的风景游览区，而这个游览区域主要位于朝阳区。

郭守敬又花了两年多的时间，把数据、算表等整理清楚，写出《推步》7卷、《立成》2卷、《历议拟稿》3卷、《转神选择》2卷、《上中下注释》12卷留传后世。其中的一部分就是《元史·历志》中的《授时历经》。

《授时历》反映了当时我国天文历法的新水平。在这部历法里，有许多革新创造的成绩。例如，废除了过去许多不合理、不必要的计算方法，如避免用很复杂的分数来表示一个天文数据的尾数部分，改用十进小数等；定一回归年为365.2425日，比地球绕太阳公转一周的实际时间，仅差26秒，和现代世界通用的公历完全相同；创立了"三差内插公式"和"球面三角公式"，是具有世界意义的杰出成就。

《授时历》经受住了时间的考验。它在我国沿用了300多年，产生了重大影响。现行公历是意大利天文学家利里奥在1582年提出的，比《授时历》晚了整整300年。朝鲜、越南都曾采用过《授时历》。

此后不久，郭守敬升为太史令。在之后的几年间，他又继续进行天文观测，并且陆续地把自己制造天文仪器、观测天象的经验和结果等极宝贵的知识编写成书。

他写的天文学著作共有百余卷之多。可惜封建帝王元世祖不愿让真正的科学知识流传到民间去，把郭守敬的天文著作统统锁在深宫秘府之中。

除此之外，郭守敬还开通了大都的通惠河。大都是元朝的首都，城内每年消费的粮食达几百万斤。这些粮食绝大部分是从南方产粮地区征运来的。然而，陆运耗费的巨大，始终在促使着人们去寻求一条合适的水道。

这个任务，到郭守敬的时候才得以完成。郭守敬

回归年 从地球上看，太阳绕天球的黄道一周的时间，即太阳中心从春分点到春分点所经历的时间，又称为太阳年。一个回归年约等于365日5小时48分46秒。一个回归年，地球围绕太阳公转是359度59分09秒740毫角秒。

■ 郭守敬纪念馆

提出的第一个方案就是他在 1262年初见元世祖时所提出来的6条水利建议中的第一条，即修复从当时的中都到通州的漕运河道。

组织开通了通惠河之后，郭守敬一直兼任天文和水利两方面的领导工作。1294年，他升知太史院事。但是关于水利方面的工作，当时政府仍经常要征询他的意见。

1303年，元成宗下诏，说凡是年满70岁的官员都可以退休，独有郭守敬，因为朝廷还有许多工作都要依靠他，不准他退休。然而，由于元成宗之后政权迅速腐朽，把元世祖时代鼓励农桑的这点积极因素抛弃净尽了。

在这种情况下，郭守敬的创造自然活动也受到极大的限制。同他当时不断提高的名望相对照，他晚年的创造活动不免太沉寂了。

除了在1298年建造了一架天文仪器灵台水浑以外，就再没有别的重大创制和显著表现了。可以设想，如果他晚年能够有较好的社会政治条件，可能还有更大的贡献。

科学精英与求索发现

阅读链接

郭守敬刚刚20岁的时候，就已经能对地理现象进行颇为细致的观察了。

在他老家邢台的北郊，有一座石桥。金元战争时桥被破坏，桥身陷在泥淖里。日子一久了，竟没有人能够说得清楚它的所在了。这给来往的人带来了很大的不便，而且严重影响农业发展。

郭守敬查勘了河道上下游的地形，判断出旧桥基的位置。根据他的指点，居然一下挖出了长久被埋没的桥基。

这件事令很多人惊讶。石桥修复后，当时一位有名的文学家元好问还特意为此写过一篇碑文。

平民数学家朱世杰

朱世杰（1249—1314），字汉卿，号松庭，北京人，元代数学家、教育家，毕生从事数学教育。有"中世纪世界最伟大的数学家"之誉。朱世杰在当时天元术的基础上发展出了"四元术"，也就是列出四元高次的多项式方程，以及消元求解的方法，这是他的最主要贡献。

此外，他还创造出"垛积法"，即高阶等差数列的求和方法，与"招差术"，即高次内插法。主要著作是《算学启蒙》与《四元玉鉴》。

■平民数学家朱世杰画像

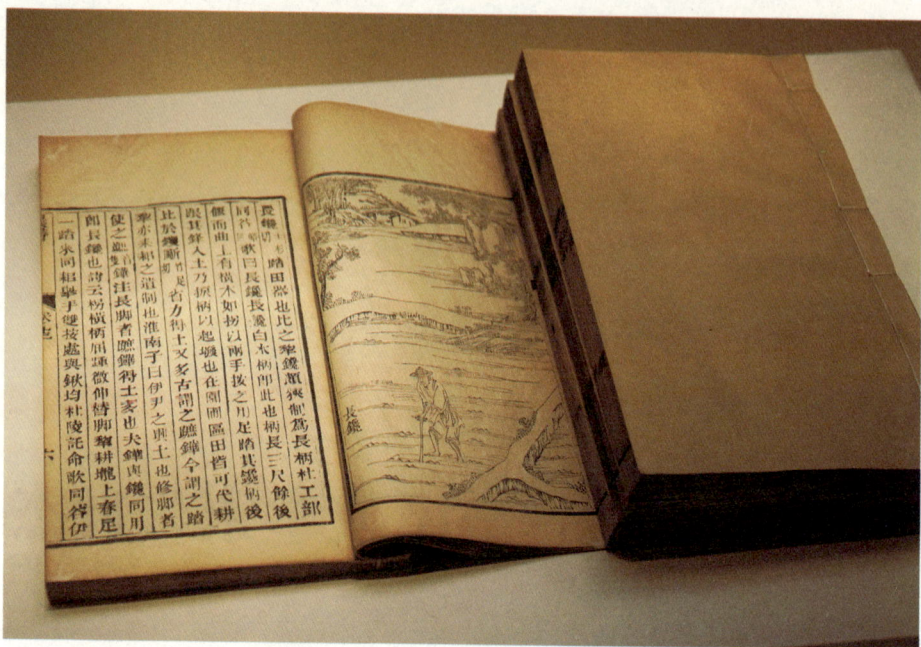

科学鼻祖

科学精英与求索发现

■ 元代古书籍

李冶（1192—1279），原名李治，字仁卿，号敬斋，谥号文正，真定栾城，即今河北省栾城县人，我国金代、元代文学家、数学家。他的主要著作为《测圆海镜》，其中改进了前人解方程的方法，首次系统地阐述了"天元术"，也就是设未知数并列方程的方法，用以研究直角三角形内切圆和旁切圆的性质。与杨辉、秦九韶、朱世杰并称为"宋元数学四大家"。

据说，我国在两汉时期就能解一次方程，古时称为"方程术"。

至宋元时期又出现了具有世界意义的成就——天元术。那么，当未知数不止一个的时候，如何列出高次联立方程组求解呢？

有这样一道古代数学题：

直田积864步，只云长阔共60步，问阔及长各几步？

答曰：阔24步，长36步。

意思是说，长方形田地的面积等于864平方步，长与宽的和是60步，长与宽各多少步？此题列成方程式即是：$xy=864$，$x+y=60$，其中x、y分别表示田的长和宽，这是一个二元二次方程组问题，此题选自我国南宋数学家杨辉所著《田亩比类乘除算法》一书。

这充分说明，我国宋代数学家就已结合生产实践对多元高次方程组有了研究。那么，有没有三元三次方程组，四元四次方程组呢？当然有。早在宋、元时期，我国数学家就圆满地解决了这个问题。这个人便是朱世杰。

在宋元时期，我国数学鼎盛时期中杰出的数学家有"秦、李、杨、朱四大家"，朱世杰是其中之一。他是平民数学家和数学教育家，平生勤力研习《九章算术》，旁通其他各种算法，成为元代著名数学家。

在与他同时代的数学家秦九韶、李冶所创立的一元高次方程的数值解法和天元术的基础上，朱世杰进一步发展了"四元术"，创造了用消元法解二、三、四元高次方程组的方法。

朱世杰这一重大发明，都记录在他的杰作《四元玉鉴》一书中。

所谓四元术，就是用天元x、地元y、人元z、物元u等四元表示四元高次方程组。朱世杰不仅提出了多元高次联立方程组的算筹摆置记述方法，而且把《九章算术》等书中四元一次联立方程解法推广到四元高次联立方程组。

四元术用四元消法解题，把四元四式消去一元变成三元三式，再消去一元变成二元二式，再消去一元，得到一个只含一元的天元开方式，然后用增乘开方法求

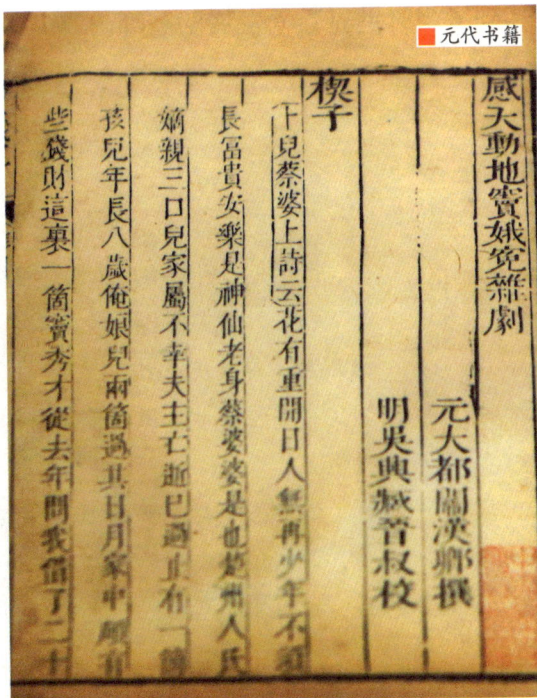

元代书籍

■ 元朝阿拉伯数码字铁方盘

正根。这和现代求解方程组方法基本一致。

在西方，16世纪以前，人们长期把不同的未知数用同一个符号来表示，以至含混不清。直至1559年，法国数学家彪特才开始用不同的字母A、B、C……来表示不同的未知数。

而我国，朱世杰早在1303年就巧妙地解决了这个问题，他用天、地、人、物这四元来表示4个未知数，即相当于现在的x、y、z、u。

而关于四元高次联立方程的求解，欧洲直至1775年，法国数学家别朱在他的《代数方程的一般理论》一书中才得以系统的解决。但这已比朱世杰晚了四五百年。四元术是我国数学家的又一辉煌成就。它达到了当时世界数学发展的高峰。

阅读链接

据说，元朝初年，朱世杰曾在扬州西湖河畔教书。

一天，就在他接待学生报名之时，突然一阵叫骂声引起他的注意。原来是一个妓女院的鸨母在打骂一个姑娘。这姑娘的父亲因借鸨母10两银子，由于天灾还不起银子，只好卖女儿抵债。

朱世杰毅然买下了这位姑娘，并教授她数学知识。几年后，两人便结成夫妻。为此，扬州民间至今还流传着这样一句话：元朝朱汉卿，教书又育人。救人出苦海，婚姻大事成。

以农为本的农学家王祯

王祯（1271—1368），字伯善。生于东平，即今山东东平。元代农学家、农业机械学家。他认为，吃饭是百姓的头等大事，地方官员就应熟悉农业生产知识，因此，他留心农事，处处观察，积累了丰富的农业知识。他所著的《王祯农书》，继承了前人在农学研究上所取得的成果，总结了元朝以前农业生产实践的经验，全面系统地解释了广义农业生产所包括的内容和范围，在我国农学史上占有极其重要的地位。

■ 农业机械学家王祯画像

■ 古代农具水转连磨

科学精英与求索发现

忽必烈（1215—1294），即孛儿只斤·忽必烈。蒙古族。蒙古族卓越的政治家、军事家。元朝的创建者。谥号"圣德神功文武皇帝"，庙号世祖，蒙古尊号"薛禅汗"。在位期间，建立行省制，加强中央集权，使社会经济逐渐恢复和发展。

王祯的家乡东平在元代初期就已是封建文人荟萃的地方。当时的统治者忽必烈非常重视总结农业知识，并普及农业技术，曾在东平让许多名士先后设帐授徒。元朝也先后出现了《农桑辑要》和《农桑衣食撮要》这样的农业科学著作。王祯受其影响也开始接触农学。

王祯在1295年任宣州旌德县县尹和1300年担任信州永丰县县尹时，继承了传统的"农本"思想，认为国家从中央到地方政府的首要政事就是抓农业生产。为此，他在任期间恪尽职守，勤勉务实，在农业生产方面做了很多实事。

为了总结农事经验，王祯在任旌德县尹期间，就开始着手编写《农书》，也叫《王祯农书》，直至调任永丰县尹后才完成。1313年，王祯又为这本书写了一篇自序，正式刻版发行。

《王祯农书》共37卷，现存36卷，另有编著22卷的版本，内容相同。该书规模宏大，范围广博，大约13万字，插图300多幅。

其中包括《农桑通诀》《百谷谱》和《农器图谱》三大部分。最后所附《杂录》中有和农业生产关系不大的"造活字印书法"。全书既有总论，又有分论，图文并茂，系统分明，体例完整。

《农桑通诀》可以说是"农业总论"，共6卷，19篇，是王祯对农业综合性的总结，贯穿了以农为本的观念和天时、地利、人和共同决定农业的思想。

《农桑通诀》论述了农业、牛耕和桑业的起源；农业与天时、地利及人力三者之间的关系，接着按照农业生产春耕、夏耘、秋收、冬藏的基本顺序，记载了大田作物生产过程中每个环节应采取的共同的基本措施；最后是"种植""畜养"和"蚕缫"3篇，记载有关林木种植包括桑树、禽畜饲养以及蚕茧加工等方

活字 用于排版印刷的反文单字。北宋毕昇发明泥活字，是活字的开端。以后又发展了锡活字、木活字、铜活字、铅活字等。

县尹 "尹"是旧时长官的名称，如县尹、府尹，县尹就是知县、县长。早在春秋时期，楚国不断在边地设县，作为边防重镇，有征赋制度，拥有重兵，当时的长官就称县尹，尊称为县公。

■ 古代农具犁耙

分类学 综合性学科。生物学的各个分支，从古老的形态学到现代分子生物学的新成就，都可吸取为分类依据。分类学也有其自己的分支学科。

龙骨水车 也称翻车、踏车、水车，也称"龙骨"。一种用于排水灌溉的机械。因为其形状犹如龙骨，故名"龙骨水车"。约始于东汉，三国时发明家马钧曾予以改进。此后一直在农业上发挥巨大作用。

■ 古代农具滚耙

面的技术。

《农桑通诀》以"授时"和"地利"两篇探讨了农业生产客观环境的复杂性和规律性，强调了农业生产中"时宜"和"地宜"的重要性。

《农桑通诀》还分列了"种植""畜养""蚕缫"等专篇，阐述林、牧、副、渔等广义农业各个方面的内容，并宣扬了官府的重农思想和劝农措施。这部分内容，使人们对广义农业的内容和范围以及农业生产中客观规律性和主观能动性等各个方面，都能有清晰明了的认识。

《百谷谱》共4卷11篇，是农作物栽培各论，阐述各种农作物的品种、特性、栽培、种植、收获、贮藏、利用等技术知识，所介绍的农作物共有80多种。谷谱包括谷属2篇、蓏属1篇、蔬属2篇、果属3篇、竹木1篇、杂类1篇，初步具备了对农作物实行分类学的模型。

《农器图谱》是全书重点，共有12卷，篇幅占全

■龙骨水车模型

书的五分之四，也是最能展现王祯科技思想精华之所在。

《农器图谱》共分为20门，即田制、耒耜、钁锸、钱搏、桎艾、蓑笠、筱篑、杵臼、仓廪、鼎釜、舟车、灌溉、利用、蚕缫、蚕桑、织纴、纩絮、麻苎等。

详尽介绍了当时和前人以及他所创制的农具、农业机械和农家生活用具等257种。共绘有图谱306幅，每幅图都有文字说明，介绍各种器具的构造、发展演变过程、使用方法和效果。

关于土地翻治农具，《农器图谱》介绍了犁、犁刀、耙耢等。重点介绍的是耧车。耧车汉时已有，元代有创新：增加了一个肥料箱，使播种与施肥同时进行；增加了砘车装置，播种后能马上掩土。

对于灌溉器械，王祯一方面把传统的龙骨水车创新为用水力推动，成为"自动化"机械，还创制了高转筒车灌溉机械，能够把水提升至33米高的位置进行灌溉，两部筒车相接，就可以把水提高66米。

收获农具有粟鉴、辕、推镰等。王祯把麦钐、麦绰、麦笼等结合起来做成的快速收麦器，是效率极高的收割农具。

在农产品加工机械方面，最著名的创新发明是水轮三事。在传统的普通水力磨上对机械装置改进之后，可以同时具有磨面、砻稻、碾米三项功能。

水转连磨则是利用水力发动的机械，用一个立式的大水轮，再通过一系列的齿轮传动装置，能同时使9个磨盘旋转工作。王祯在"利用门"一节中介绍的水力农机达14种之多，还不包括水力灌溉机械。

从整个《农器图谱》的机械与图谱中，可以明显看出王祯既是卓越的农学家，更是杰出的机械制造家。他对于绳轮、齿轮、曲柄、连杆等传动装置的运用已驾驭自如，得心应手。在许多机械部件与整体机械原理上，也同样显示出其过人的研究与极高的造诣。

《农器图谱》中达300多幅的插图，也是以前的农书中所绝无仅有的。正是靠着这些图谱，我国古代的许多农业机械器具才得以保存。可以说，《农器图谱》是王祯在古农书中的一大创造，是古代我国农器图谱的公认"鼻祖"。

《王祯农书》是我国第一部力图从全国范围对整个农业作系统全面论述的著作，所涉及的地域包括南北方的17个省区，这也是以前任何一部古农书所不及的。《王祯农书》也是我国古代一部农业百科普及读物。

阅读链接

王祯非常关心农业生产，"以身率先"是他的一贯作风。他在做旌德县县尹时，发现这里多山，耕地大部分是山地。

有一年碰上旱灾，眼看禾苗都要旱死，农民心急如焚。王祯看到许多河流溪涧有水，就想起从家乡东平来旌德县的时候，在路上看到一种水转翻车，可以把水提灌到山地里。

王祯立即开动脑筋，仔细地画出了图样，接着召集木工、铁匠赶制，组织农民抗旱。就这样，水转翻车使几万亩山地的禾苗得救了，老百姓的吃饭问题也有了保障。

明清两代是我国历史上的近世时期，这一时期造就了像宋应星《天工开物》这类百科全书式的巨著。其他如《本草纲目》和《徐霞客游记》，也都是流传至今的科学名著。

文艺复兴后，我国的徐光启与传教士利玛窦共同翻译的《几何原本》，是西学东渐的具有代表性的成果。我国近世时期学科精英们这些本土与外来的科研成果，仍然令人宽慰。

近世时期

学科精英

人间巧艺夺天工的宋应星

宋应星（1587—约1666），字长庚。江西省奉新县宋埠镇牌楼村人。明末清初科学家。他为官清廉，曾推行"一条鞭法"的改革政策，史称其"有古大臣风"，对宋族后代有很大影响。

宋应星的代表著作《天工开物》，是世界上第一部关于农业和手工业生产的综合性科学技术著作，也有人称它是一部百科全书式的著作。外国学者称它为"中国17世纪的工艺百科全书"。

宋应星除著有《天工开物》外，还有《卮言十种》《画音归正》《杂色文》《原耗》等著作，多已失传。

■《天工开物》的作者宋应星画像

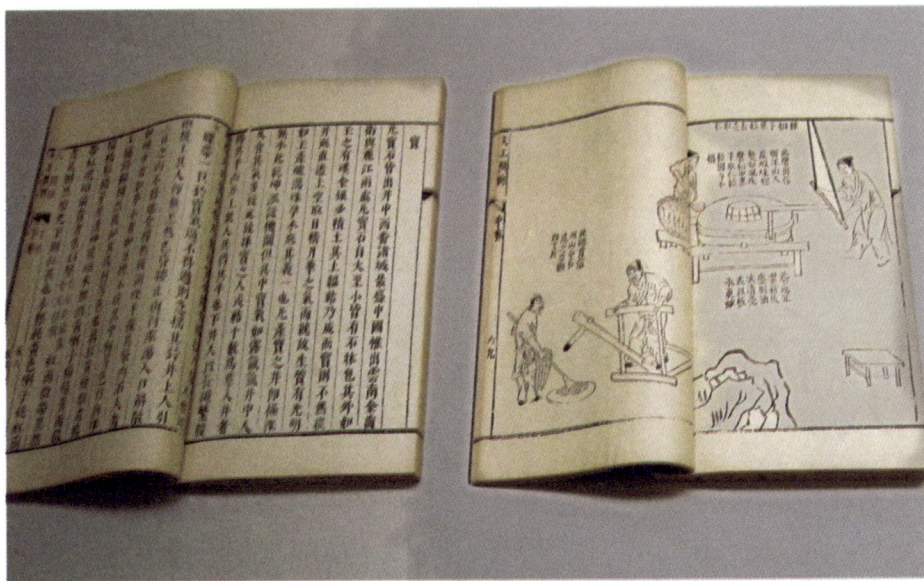

■ 遗存的《天工开物》

宋应星出身于书香世家，他的曾祖、祖父和父亲都很有才学。他自幼聪明伶俐，先学诗文，又学经史子集，接受封建正统教育，很得老师和长辈们喜爱。

1615年，宋应星考中举人，但之后5次进京会试均告失败。5次跋涉，见闻大增。1638年至1654年间，他出任江西省分宜县教谕。

期间，他将其长期积累的生产技术等方面知识加以总结整理，编著了《天工开物》一书，在1637年由朋友资助刊行。稍后，他又出任福建汀州推官、亳州知府。明亡后作为明遗民，约在1666年去世。

宋应星一生讲求实学，反对士大夫轻视生产的态度。而《天工开物》的出版发行也历经磨难，当时曾因被认为存在"反动"思想而被销毁，后来由藏于日本的明朝原版重印刊行中国。

《天工开物》详细叙述了各种农作物和工业原料的种类、产地、生产技术和工艺装备，以及一些生

教谕 学官名。宋朝京师小学和武学中设。元、明、清县学均置，掌文庙祭祀、教育所属生员。明清时代县府学教谕多为进士出身，由朝廷直接任命。府学训导以及县学教谕、训导、嘱托，多为举人、贡生出身，由藩司指派。

宋应星著书画像

冶炼 我国是世界上最早生产钢的国家之一。我国古代最早的炼钢工艺流程是：先采用木炭作燃料，在炉中将铁矿石冶炼成呈海绵状的固体块，待炉子冷后取出，叫块炼铁。块炼铁含碳量低，质地软，杂质多，是人类早期炼得的熟铁。再用块炼铁作原料，在炭火中加热吸碳，提高含碳量，然后经过锻打，除掉杂质又渗进碳，从而得到钢。

产组织经验，既有大量确切的数据，又绘制了123幅插图。全书分上、中、下卷，细分为18篇。

上卷6篇，《乃粒》介绍粮食作物的栽培技术，《乃服》介绍衣服原料的来源和加工方法，《彰施》介绍植物染料的染色方法，《粹精》介绍谷物的加工过程，《作咸》介绍盐的生产方法，《甘嗜》介绍种植甘蔗及制糖、养蜂的方法。

中卷7篇，《陶埏》介绍砖、瓦、陶瓷的制作，《冶铸》介绍金属物件的铸造，《舟车》介绍船舶、车辆的结构、制作和用途，《锤锻》介绍制作铁器和铜器的锤锻方法，《燔石》介绍石灰、煤炭等非金属矿的生产技术，《膏液》介绍植物油脂的提取方法，《杀青》介绍造纸的方法。

下卷5篇，《五金》介绍金属的开采和冶炼，《佳兵》介绍兵器的制造方法，《丹青》介绍墨和颜料的制作，《麹蘖》介绍制作酒的方法，《珠玉》介绍珠宝玉石的来源。

我国古代物理知识大部分分散体现在记述各种技术过程的书籍中，《天工开物》中也是如此。如在提水工具、船舵、灌钢、泥型铸釜、失蜡铸造、排除煤矿瓦斯方法、盐井中的吸卤器、熔融、提取法等中都有许多力学、热学等物理知识。

宋应星的著作具有珍贵的历史价值和科学价值。如在《五金》卷中，宋应星是世界上第一个科学地论述锌和铜锌合金的科学家。他明确指出，锌是一种新金属，并且首次记载了它的冶炼方法。

宋应星记载的用金属锌代替锌化合物炼制黄铜的方法，使我国在很长一段时间里成为世界上唯一能大规模炼锌的国家。是我国古代金属冶炼史上的重要成就之一，也是人类历史上用铜和锌两种金属直接熔融而得黄铜的最早记录。

宋应星注意从一般现象中发现本质，在自然科学理论上也取得了一些成就。

比如在生物学方面，他在《天工开物》中记录了农民培育水稻、大麦新品种的事例，研究了土壤、气候、栽培方法对作物品种变化的影响。又注意到不同品种蚕蛾杂交引起变异的情况，说明通过人为的努力，可以改变动植物的品种特性。从而得出了"土脉历时代而异，种性随水土而分"的科学见解，把我国古代科学家关于生态变异的认识推进了一步，为人工培育新品种提出了理论根据。

失蜡铸造 我国失蜡铸造是用蜂蜡做成铸件的模型，再用别的耐火材料填充泥芯和敷成外范。加热烘烤后，蜡模全部熔化流失，使整个铸件模型变成空壳。再往内浇灌溶液，便铸成器物。这就是失蜡法，也称"熔模法"。

137

■ 宋应星立像

再如在物理学方面，宋应星通过对各种声音的具体分析，研究了声音的发生和传播规律，并提出了声是气波的概念。

《天工开物》对我国古代的各项技术进行了系统的总结，全面反映了工艺技术的成就，构成了一个完整的科学技术体系。书中记述的许多生产技术，一直沿用至近代。

《天工开物》一书出版发行后，很快就引起了国内外学术界和刻书界的广泛注意。明末方以智《物理小识》较早地引用了《天工开物》的有关论述。

1694年，日本著名本草学家贝原益轩在《花谱》和1704年成书的《菜谱》两书的参考书目中列举了《天工开物》，这是日本提到《天工开物》的最早文字记载。

由此开始，《天工开物》成为日本各界广为重视的读物，刺激了18世纪时日本哲学界和经济界，兴起了"开物之学"。

19世纪30年代，有人把它摘译成了法文，在这之后，不同文版的摘译本便在欧洲流行开来，对欧洲的社会生产和科学研究都产生了许多重要的影响。如1837年，法国汉学家儒莲把《授时通考》的"蚕桑篇"和《天工开物·乃服》的蚕桑部分译成了法文，并以《蚕桑辑要》的书名刊载出去，马上就轰动了整个欧洲，当年就译成了意大利文和德文，分别在都灵、斯图加特和杜宾根出版，第二年又转译成了英文和俄文。

■ 方以智（1611—1671），字密之，号曼公，又号鹿起、龙眠愚者等。安徽桐城人。明代著名哲学家、科学家。博采众长，主张中西合璧，儒、释、道三教归一。一生著述400余万言，多有散佚，内容广博，文、史、哲、地、医药、物理，无所不包。

当时欧洲的蚕桑技术已有了一定发展，但因防治疾病的经验不足等而引起了生丝的大量减产。《天工开物》则为之提供了一整套关于养蚕、防治蚕病的完整经验，对欧洲蚕业产生了很大的影响。

20世纪以来，日本学者三枝博音称此书是"中国有代表性的技术书"，英国科学史家李约瑟博士把《天工开物》称为"中国的阿格里科拉"和"中国的狄德罗——宋应星写作的17世纪早期的重要工业技术著作"。

宋应星雕像

宋应星
(1587~1661)
——被誉为中国古代的百科全书

阅读链接

宋应星从小个性活泼，喜欢学习各种物件的制作技术，以至于被当时读书人称为"旁门左道"。

有一次，宋应星和几个朋友到一户人家去做客。那人家里摆满了许多大小、形状、颜色、图案都不同的花瓶。

宋应星立即对这些陶土制成的花瓶发生了兴趣，不断询问这些花瓶的制作方法。一些朋友却摇头，认为这不过是雕虫小技罢了，不值得读书人学习。但宋应星依然故我，并开始留心做各种技艺资料的收集和记录。后来，终于成为名扬世界的大科学家。

踏遍山川尝百草的李时珍

科学精英与求索发现

李时珍（1518—1593），字东壁，时人谓之李东壁，号濒湖，晚年自号濒湖山人。生于湖北蕲州，即今湖北省黄冈市。他是我国古代伟大的医学家、药物学家。

李时珍曾参考历代有关医药书籍及其他学术书籍800余本，结合自身实践经验和调查研究，历时27年编成《本草纲目》一书，是我国明朝时代药物学的总结性巨著，在国内外均有很高的评价，现已有几种文字的译本或节译本。另著有《奇经八脉考》《濒湖脉学》等10本著作。

■药物学家李时珍画像

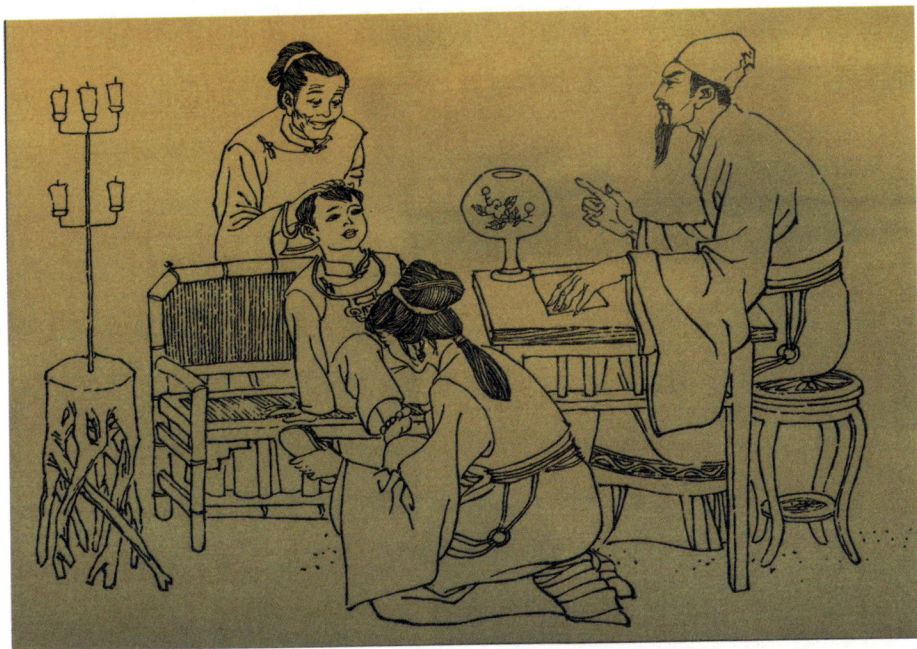

李家世代业医，祖父是"铃医"，父亲李言闻著 ■ 李时珍看病画像
有《痘疹证治》等医书，在家乡一带颇有医名。那
时，民间医生地位很低，李家常受官绅的欺侮。因
此，父亲决定让李时珍读书应考，以便出人头地。

李时珍14岁中了秀才后的9年中，3次到武昌考举
人均名落孙山。于是，他放弃了科举做官的打算，专
心学医。

李时珍38岁时，被武昌的楚王朱英召去任王府
"奉祠正"，兼管良医所事务。3年后，他被推荐上
京任太医院判。在太医院工作期间，他积极地从事药
物研究工作，收集了大量的资料，拓展了知识领域。
然而，在太医院的工作环境是不可能满足他的理想、
实现愿望的，因为他淡于功名利禄，所以在太医院任
职没有多长时间，就托病辞职归家了。

李时珍曾阅读过很多医药及其学术方面的书籍，

铃医 也称"走
乡医""串医"或
"走乡药郎"，
指游走江湖的民
间医生。铃医以
摇铃招来病家，
因而得名。铃医
自古就有，相传
始于宋代的铃医
李次口，世代相
沿，至宋元时开
始盛行。铃医实
为古代的基层医
务工作者。

验方 不是古代医书上的流传方，而是没有经过论证，但是临床却有疗效的一种方法，一般是指民间的方子。验方类似于偏方。偏方，即单方验方。指药味不多，对某些病证具有独特疗效的方剂。数千年来，在我国民间流传着非常丰富、简单而又有疗效的治疗疑难杂症的偏方、秘方、验方，方书著作浩如烟海。

发现古来的本草同明朝当时用药的实际情况不甚相符，旧本草不只是品种不全，而且还有许多错误。再加上他多年行医经验，决心重编一部药物学著作，这就是后来的《本草纲目》。

于是，李时珍在编写过程中，穿上草鞋，背起药筐，在徒弟庞宪、儿子李建元的伴随下，足迹遍及河南、河北、江苏、安徽、江西、湖北等广大地区，遍访名医宿儒，搜求民间验方，观察和收集药物标本。

又倾听万人意见，参阅各种书籍800多本。就这样，经过27年的实地调查，搞清了药物的许多疑难问题，终于在1578年完成了《本草纲目》编写工作。

《本草纲目》在动植物分类学等许多方面有突出成就，并对其他有关的学科如生物学、化学、矿物学、地质学、天文学等也作出了贡献。

■ 李时珍行医蜡像

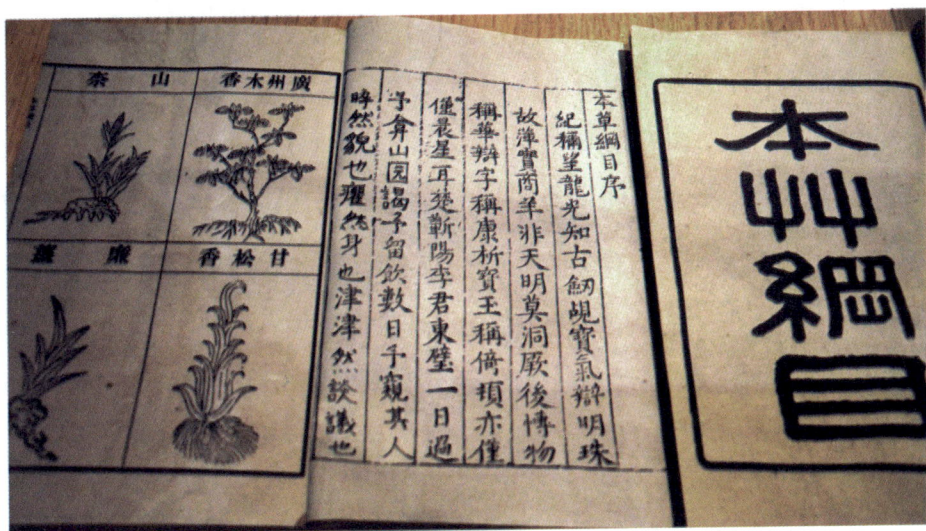

他不仅解决了药物的方式、检索等问题，更重要的是体现了他对植物分类学方面的新见解，以及可贵的生物进化发展思想。

李时珍打破了自《神农本草经》以来，沿袭了1000多年的上、中、下三品分类法，把药物分为水、火、土、金石、草、谷、菜、果、木、器服、虫、鳞、介、禽、兽、人共16部，包括60类。每药标正名为纲，纲之下列目，纲目清晰。

书中还系统地记述了各种药物的知识。包括校正、释名、集解、正误、修治、气味、主治、发明、附录、附方等项，从药物的历史、形态至功能、方剂等，叙述甚详。

尤其是"发明"这项，主要是李时珍对药物观察、研究以及实际应用的新发现、新经验，这就更加丰富了本草学的知识。

李时珍在植物学方面所创造的人为分类方法，是一种按照实用与形态等相似的植物，将其归之于各

亲缘关系 植物物种由于同科同属而产生的关系称为亲缘关系。利用植物亲缘关系在同属植物中，可以寻找到相似的活性成分。人们根据埋藏在地层中的生物化石遗骸，就可以把地球上出现生命以来动物和植物发展变化的历程基本查证清楚。

方 即药方，药方是为治疗某种疾病而组合起来的若干种药物的名称、剂量和用法。在世界文化科技史上，中医是唯一历经2000余年仍能焕发勃勃生机的文化与科技奇迹。中医药方是传统中医文化的智慧结晶和组成部分。

■ 李时珍采摘草药石刻

类，并按层次逐级分类的科学方法。

李时珍将1000多种植物，据其经济用途与体态、习性和内含物的不同，先把大同类物质向上归为5部，即草、木、菜、果、谷为纲，再向下分成若干种。不仅提示了植物之间的亲缘关系，而且还统一了许多植物的命名方法。

虽然《本草纲目》是一部药物学专著，但它同时还记载了与临床关系十分密切的许多内容。原书第三、第四卷为"百病主治药"，记有113种病症的主治药物。

第三卷外感和内伤杂病中，就包括有专门治疗伤寒热病、咳嗽、喘逆类的药物；第四卷则主要为五官、外、妇、儿科诸病。原书中明确提出能治疗瘟疫的药物有升麻、艾叶、腊雪、大麻、大豆豉、石燕等20余种。

《本草纲目》中收载各类附方11096首，涉及临床各科，包括内科、外科、妇科、儿科、五官科等。其中2900多首为旧方，其余皆为新方。

治疗范围以常见病、多发病为主，所用剂型亦是丸散膏丹俱全，而且许多方剂既具科学，又有简便廉价之特点，极具实用性。如治疗咳嗽病的方剂，即在多种药物附方中出现。

《本草纲目》不仅为我国药物学的发展作出了重大的贡献，而且对世界医药学、植物学、动物学、矿物学、化学的发展也产生了深远的影响。该书出版后，很快就被传到了日本，然后又流传到欧美各国，先后被翻译成日、法、德、英、拉丁、俄、朝鲜等国的10余种文字在国外出版，传遍五大洲。

李时珍画像

早在1951年，在维也纳举行的世界和平理事会上，李时珍被列为古代世界名人；他的大理石雕像屹立在莫斯科大学的长廊上。《本草纲目》不仅对祖国医药学作出极大贡献，而且对世界自然科学的发展也起到了巨大的推动作用，被誉为"东方医药巨典"，英国著名生物学家达尔文也曾受益于《本草纲目》，称它为"中国古代百科全书"。

阅读链接

有家药店老板的儿子正在柜台上大吃大喝，听说李时珍医术很高，心里很不服气，就去找到李时珍问自己有什么病。

李时珍见此人气色不好，赶忙给他诊脉，过后，十分惋惜地说道："小兄弟，可惜呀，年纪轻轻，活不了3个时辰了，请赶快回家去吧，免得家里人到处找你。"

那个药店老板的儿子以为是在咒他，就气咻咻地走了。果然，不到3个时辰，这个人便死了。原来他吃饭过饱，纵身一跳，肠子断了。由此，人们更是惊叹李时珍的神奇医术了。

伟大的地理学家徐霞客

徐霞客（1587—1641），名弘祖，字振之，号霞客。生于明朝时南直隶江阴，即今江苏省江阴市。伟大的地理学家、旅行家和探险家。他饱览秀美山水和人文大观，留下了描述山川形胜、风土人情的60余万字游记资料。他的游记，既是地理学上珍贵的文献，又是笔法精湛的游记文学。

徐霞客去世后，由他人整理成《徐霞客游记》。既是一份珍贵的地理科学报告，又是一本旅游指南。徐霞客也由此被誉为"游圣"。书中对各地名胜古迹、风土人情，都有记载。

■地理学家徐霞客画像

幼年时的徐霞客，天资聪颖，有很强的记忆力。对于不明白的地方，总要打破砂锅问到底。他对四书五经和八股文没有很大的兴趣，却特别青睐历史、地理和探讨大自然等方面的书籍。

■ 《徐霞客游记》

他有钱必买书，无钱则变卖衣物来换钱买书，其"奇书"嗜好可见一斑。看了这些书以后，使他更加向往五岳等名山。

徐霞客19岁时，父亲病故。3年服孝期满，徐霞客萌发了外出游历的想法，贤德的母亲也认为好男儿志在四方，所以对徐霞客的决定给予了极大的支持和鼓励。

于是，年轻的徐霞客终于告别书斋生活，挣脱了仕途功名的束缚，开始去实现儿时的梦想。

徐霞客先后游历了大半个中国，足迹遍于华东、华北、中南、西南16个省，踏遍泰山、黄山、华山、武当、五台、衡山等名山；游尽太湖、黄河、钱塘江、黔江、黄果树瀑布等胜水。历经34年，直至生命结束为止。

在漫长的旅途当中，徐霞客为了考察得准确、细致，大都步行前进。披星戴月、风餐露宿，对于所遇的险阻，他都以顽强的斗志去克服，而且无论身体多么疲惫、条件多么恶劣，他都每天坚持作日记。

八股文 也称时文、制艺、制义、四书文等，是我国明、清两朝考试制度所规定的一种特殊文体。八股文专讲形式、不讲内容，文章的每个段落死守在固定的格式里面，连字数都有一定的限制，人们只是按照题目的字义敷衍成文。

日记体 一般是由几则日记连缀而成。这几则日记之间，应该内容相互关联，中间无需叙述的语言连接，情节的发展暗含于日记的内容之中。但有时前几则日记表面上没有关系，直至后面几则或者是最后一则，才使前面几则发生了联系。

徐霞客故居

他写下的游记有240多万字，可惜大多失散了。留下来的经后人整理成著名的《徐霞客游记》。

《徐霞客游记》是以日记体为主的我国地理名著，写有天台山、雁荡山、黄山、庐山等名山游记17篇和《浙游日记》《江右游日记》《楚游日记》《粤西游日记》《黔游日记》《滇游日记》等著作，除散佚者外，遗有60余万字游记资料。

主要按日记述作者1613年至1639年间旅行观察所得，对地理、水文、地质、植物等现象，均作了详细记录，在地理学和文学上卓有成就。

《徐霞客游记》在地理学上的重要成就，主要体现在如下4个方面：

一是喀斯特地区的类型分布和各地区间的差异，尤其是喀斯特洞穴的特征、类型及成因，有详细的考察和科学的记述。仅在我国广西、贵州、云南省区，他亲自探查过的洞穴便有270多个，而且一般都有方

向、高度、宽度和深度的具体记载。

■ 徐霞客故居崇礼堂

并初步论述其成因，指出一些岩洞是水的机械侵蚀造成，钟乳石是含钙质的水滴蒸发后逐渐凝聚而成等。是中国和世界广泛考察喀斯特地貌的卓越先驱。

二是纠正了文献记载的关于中国水道源流的一些错误。如否定自《尚书·禹贡》以来流行1000多年的"岷山导江"旧说，肯定金沙江是长江上源。正确指出河岸弯曲或岩岸进逼水流之处冲刷侵蚀厉害，河床坡度与侵蚀力的大小成正比等问题。对喷泉的发生和潜流作用的形成，也有科学的解释。

三是观察记述了很多植物的生态品种，明确提出地形、气温、风速对植物分布和开花早晚的影响。

四是调查了云南腾冲打鹰山的火山遗迹，科学地记录与解释了火山喷发出来的红色浮石的质地及成因。此书对地热现象的详细描述在我国是最早的；对

《尚书·禹贡》是战国时魏国的人士托名大禹的著作，因而就以《禹贡》名篇。该是撰著这篇《禹贡》的人士设想在当时诸侯称雄的局面统一之后所提出的治理国家的方案。这是一个宏伟周密的方案，非同寻常之作，故托名大禹，企望能够得到实际地施行。

徐霞客博物馆

土司 古代官名。元朝始置。用于封授给西北、西南地区的少数民族部族首领。土司的职位可以世袭，但是袭官需要获得朝廷的批准。土司对朝廷承担一定的赋役，并按照朝廷的征发令提供军队；对内维持其作为部族首领的统治权利。

人文地理情况，包括各地的经济、交通、城镇聚落、少数民族和风土文物等，也作了不少精彩的记述。他在我国古代地理学史上超越前人的贡献，特别是关于喀斯特地貌的详细记述和探索，居于当时世界的先进水平。

《徐霞客游记》在文学上的特点，主要体现在以下几个方面：

一是写景记事，悉从真实中来，具有浓厚的生活实感。

二是写景状物，力求精细，常运用动态描写或拟人手法，远较前人游记细致入微。

三是词汇丰富，敏于创制；绝不因袭套语，落入窠臼。

四是写景时注重抒情，寓情于景，情景交融，同时注意表现人的主观感觉。

五是通过丰富的描绘手法，使游记表现出很高的艺术性，具有恒久的审美价值。

六是在记游的同时，还常常兼及当时各地的居民生活、风俗人情、少数民族的聚落分布、土司之间的战争兼并等事情，多为正史稗官所不载，具有一定历史学、民族学价值。

《徐霞客游记》被后人誉为"世间真文字、大文字、奇文字"。

《徐霞客游记》开辟了地理学上系统观察自然、描述自然的新方向，既是系统考察祖国地貌地质的地理名著；又是描绘华夏风景资源的旅游巨篇，还是文字优美的文学佳作，在国内外具有深远的影响。

《徐霞客游记》对于地理学家而言，它是一份珍贵的地理科学报告；对普通读者来说，它更像是一本旅游指南。书中那一片片壮阔辽远的风景，一座座高峻雄伟的山峰，似乎正在催动我们渴望冒险的心，在攀登中获得乐趣，在探索中寻觅真知。

著名作家张恨水在《金粉世家·序》中说："忆吾十六七岁时，读名人书，深慕徐霞客之为人，誓游名山大川。"

阅读链接

徐霞客在游历考察过程中，曾经多次遭遇强盗。但在长期的旅游中，他锻炼了超强的应变能力。

一天傍晚，在一艘停泊在湘水中的客船上，乘客们正在观赏月光下的山形水色。忽然，喊杀声骤起，一群强盗窜上船来，一时火炬乱晃，刀光剑影交错，大难降临船上。

这时，只见一个人飞身跳入水中，逆流而行，躲进了别的船里。这个跳水的人，年约50岁开外，身材修长，看上去精力旺盛，行动敏捷。他就是我国历史上著名的地理学家徐霞客。

天文学家和农学家徐光启

徐光启（1562—1633），字子先，号玄扈，教名保禄。明朝南直隶松江府上海县人。谥号"文定"，赠太子太保、少保。明末科学家、农学家、政治家。徐光启也是中西文化交流的先驱之一，是上海地区最早的天主教徒，被称为"圣教三柱石"之首。

徐光启科学研究范围广泛，其中以《农政全书》影响最大，对当时和后世都产生了深远影响。被称为我国古代农业的百科全书。徐光启在天文学上的成就主要是主持历法的修订和《崇祯历书》的编译。

■ 天文学家、农学家徐光启画像

徐光启在青少年时代聪敏好学，活泼矫健。1581年中秀才，便以天下为己任。他在家乡和广东、广西教书，白天给学生上课，晚上广泛阅读古代的农书，钻研农业生产技术，还博览古代的天文历法、水利和数学著作。

后来，徐光启先后结识了传教士郭居静和利玛窦，接触了西方近代的自然科学，知识更加丰富。利玛窦还发展徐光启成为天主教徒。1604年，徐光启考中进士，开始步入仕途。随后，他担任翰林院庶吉士的官职，在北京住了下来。

■ 利玛窦画像

1606年，徐光启再次请求利玛窦传授西方的科学知识，并建议利玛窦同他合作，一起把希腊数学家欧几里得的著作《原本》译成中文。这就是后来翻译的《几何原本》。

《几何原本》译出6卷，刊印发行。这是徐光启引进西方科学最具代表性的一件事情，以至于后来有人这样认为：在我国走向世界的艰难历程中，徐光启是一个前驱者，是西学东渐的接引人。

可惜在明朝时《几何原本》并没有得到重视，致使徐光启逝世后《几何原本》迟迟不能翻译。直至20世纪初，我国废科举、兴学校，以《几何原本》为主要内容的初等几何学方才成为中等学校必修科目。

天主教 基督宗教的三大宗派之一，其正式名称为"罗马天主教会"或"罗马公教会"。鸦片战争后，我国沦为半殖民地半封建的国家，传教士也陆续进入我国，天主教又发展起来。到1949年，经过100多年的发展，天主教在中国已经有了300万教徒。

科举 是历代封建王朝通过考试选拔官吏的一种制度。由于采用分科取士的办法，所以叫做科举。科举制从隋朝大业三年，即607年开始实行，到清朝光绪三十一年，即1905年举行最后一科进士考试为止，经历了近1300年。

1629年9月，朝廷决定改历，令徐光启主持。徐光启从编译西方天文历法书籍入手，同时制造仪器，精心观测。自1631年起，分5次进呈所编译的图书著作。这就是著名的《崇祯历书》。

徐光启在天文学上的成就主要是主持历法的修订和《崇祯历书》的编译。他"释义演文，讲究润色，校勘试验"，负责《崇祯历书》全书的总编工作。此外还亲自参加了其中《测天约说》《大测》《日缠历指》《测量全义》《日缠表》等书的编译工作。

徐光启引进了圆形地球的概念，明晰地介绍了地球经度和纬度的概念。

他为我国天文界引进了星等的概念；根据第谷星表和我国传统星表，提供了第一个全天性星图，成为清代星表的基础；在计算方法上，他引进了球面和平面三角学的准确公式，并首先做了视差、蒙气差和时差的订正。这些都较我国传统的《大统历》为高。

■ 徐光启查看农情蜡像

《崇祯历书》及其所依据的天文学理论，使其成为我国的官方天文学体系，长达200余年。如从科学史的角度和历史影响而言，此事当属徐光启成就的显著功事之一。

作为我国历史上最著名的农学家之一，徐光启一生关于农学方面的著作甚多，计有《农政全书》《甘薯疏》《农遗杂疏》《农书草稿》等。

其花费时间之长、用功之勤，较之修订历法和编译《崇祯历书》实有过之而无不及。其中，《农政全书》堪称代表。此书是徐光启去世后，经陈子龙删增后成书的。

《农政全书》共60卷，70余万言，分为农本、田制、农事、水利、农器、树艺、蚕桑、蚕桑广类、种植、牧养、制造、荒政12门。从这12门的内容中，我们完全可以感受到它的价值。

在《农本》3卷中，徐光启继承了传统的重农思

■ 古代水车模型

《大统历》 明代历法名。后因《大统历》推算日食不准确，治历者纷进新历，要求改制，但明朝一直沿用《大统历》。

陈子龙（1608—1647），初名介，字卧子、懋中、人中，号大樽、海士、轶符等。南直隶松江华亭，即今上海松江人。明末官员、文学家。工于词，为婉约词派名家、云间词派盟主，被后代众多词评家誉为"明代第一词人"。

井田制 是我国西周时期较为普及的土地制度。字意为：因土地划分为许多方块，且形似"井"字形，故曰井田制。事实上则是周天子京畿之土地制度，有公田和私田之分。而周礼中的井田，似乎是理想的土地制度，可行性不强，同时难以考证。

想，认为只有务农才是国家的根本之计。基于这种认识，《农政全书》开卷，即言农本：列举了《五经》和史书中重视农业生产的言论和史实；摘引了《管子》《吕氏春秋》《亢仓子》《齐民要术》等书的有关章节；收录了明人冯应京《国朝重农考》的全文。

这些都是为了证明以农为本在我国有悠久的历史和深厚的社会基础，提醒人们关注农业问题，抓好农业生产，为国家富强、社会安定打下坚实的根基。

《田制》共计2卷，一卷是徐光启自作的《井田考》，在书里面，他对西周井田制的划分方法进行了细致的考证，其中对西周度量衡与明代度量衡换算方法的确定十分精彩。另一卷引录了《王祯农书》中《农器图谱》的全文。

《农事》6卷，介绍了《齐民要术》和《王祯农

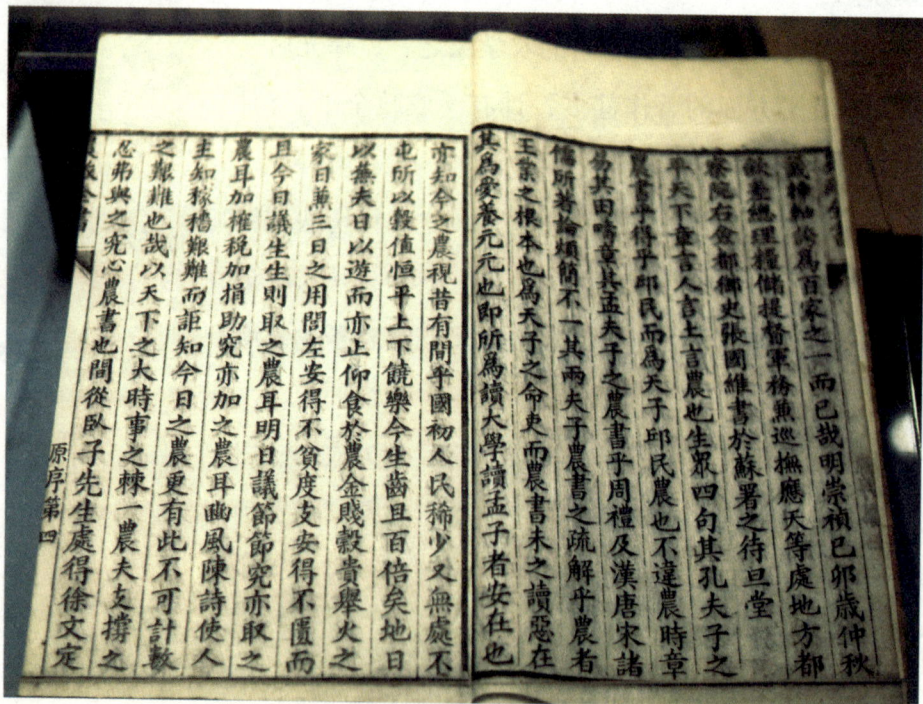

■ 徐光启的《农政全书》

■ 古代农户

书》等农学著作中关于垦殖、收种、播种、中耕、除草、灌溉种种农田管理措施，还录入了徐光启自己的《垦田疏》。徐光启有垦荒的切身经历，对如何开辟荒芜土地使之变为良田，增加国家收入有精辟见解。

他在这里补写的两段文字，即移民垦荒时"主客"关系的处理和垦荒前的准备事项，对指导垦荒很有实际意义。

《水利》9卷，其各章节中不但有对用水理论的探讨，有水利器具的制作和使用方法，还有改善地方水利的具体意见。徐光启对取水工具写下不少评注，表明他对这些工具器械做了深入的研究。

《农器》4卷，摘自《王祯农书》，书中分别介绍了常见农用工具的质料、形制、构造和用途，有较高的实用性。

《树艺》6卷，大都汇集以往农书中的材料，介

甘薯 又名山芋、红芋、番薯、红薯、白薯、白芋、地瓜、红苕等，因地区不同而有不同的名称。是重要的蔬菜来源，块根可作为粮食、饲料和工业原料，作用广泛。16世纪时，有两个在菲律宾经商的中国人，设法将一些番薯藤编进竹篮和缆绳内，瞒天过海，运回了福建老家，遂种植遍及中华大地。

科学鼻祖

科学精英与求索发现

基肥 一般叫底肥，是在播种或移植前施用的肥料。它主要是供给植物整个生长期中所需要的养分，为作物生长发育创造良好的土壤条件，也有改良土壤、培肥地力的作用。

绍各种作物的特性、用途和种植方法。书中特别强调选种，说"种蔬果谷佃诸物，皆以择种为第一义"。

在说到甘薯时，书中充实了不少新材料，是徐光启写《甘薯疏》时征集到的。他指出了甘薯的13个优点，认为此物易种高产，应大力推广。

《蚕桑》4卷多采自《王祯农书》，介绍养蚕植桑的注意事项和养蚕工具、缫丝工具的使用方法。

《蚕桑广类》2卷，对作物栽培谈得最多的是他对棉花的选种、种子的收藏和播前处理，都有精辟独到的见解。他提倡早种，强调深根和病虫害防治，主张稀植、短干，重用基肥，这些措施都是适应当时耕作水平的。关于麻的种植则主要依据旧农书写成。

《种植》4卷，介绍了园圃布局、树木嫁接、整

■ 徐光启画像

枝、防鸟害、治虫等多项技术；介绍了榆、松、槐、杨、梧桐、乌桕、女贞等30余种树木的种法和用途；介绍了竹、茶、菊以及其他药用、染料和水生作物。

徐光启主张多种乌桕以取油料，多种女贞以取白蜡，认为这两种树很有经济价值。还对如何养虫生蜡做了生动细致地记述。

《牧养》1卷，主要谈马、驴、牛、羊、鸡、鸭、鹅、鱼、蜂等家畜家禽的饲养技术。

《制造》1卷，主要讲述酿制酒、酱、醋技术和各种食物的制作方法、房屋建筑方法，以及一些洗涤、收藏、修补方法。

■ 徐光启画像

《荒政》18卷，引用了《乩世梁传》《荀子》《管子》及晁错、陆贽等大量古今文献中的救荒言论，以阐明有备无患和人定胜天的思想主旨，强调预防为主；分别列举了从隋到明历代备荒赈灾的措施，以及一些具体的渡灾办法；收录了可以代食充饥的草、木、粮、果、菜类数百种，供灾荒时采用。其中有些迷信思想的成分。

《农政全书》对于农田水利、土壤肥料、选种嫁接、防治虫害、改良农具、食品加工、丝织棉纺等农业科学技术和农民生活的各个重要方面，都就当时能

荒政 我国古代政府因应对灾荒而采取的救灾政策。灾荒即指地震、旱灾、水灾、蝗灾、瘟疫等。面对荒年可能造成的社会动荡，我国执政者很早就发展出了荒政。每个时代的荒政活动在荒政史上都有其特殊而重要的地位，具有鲜明的时代特征。

徐光启与利玛窦谈道图

够达到的认识水平进行了深入细致地探讨，提出了自己的见解，并批判了阻碍生产技术进步的各种落后思想和错误的方法。

此外，《农政全书》在历史上是最早从国家政策的角度全面检讨"农政"的经验教训，对垦荒、水利、荒政给予特别的关注，系统总结了我国古典农业科学，这些方面的论述都是他远远超出前人的地方。

完成《农政全书》这样一部巨著，只有凭着对国家对民族的挚爱和对科学的执著追求，凭着坚忍不拔毅力和锲而不舍精神，才会给后人留下这样一笔丰厚的遗产！

阅读链接

明代时在上海老城曾流传这样一句民谚："潘半城，徐一角"，意思是潘家的私人园林几乎占了半个上海城；而官比潘家大的徐光启却只处上海城的一角。

有一次，学者张溥曾到徐光启寓所，见他在案前奋笔疾书，房间仅一丈见方，除书桌、书柜、椅子外，墙角放着一张床，身边只有一位老仆帮他做些杂事。

张溥见此情景，非常感动，连叹"百闻不如一见"，如此京都高官，却偏安上海城之一隅，真可谓"徐一角"。徐光启清廉治学，实是可贵。

清代算学第一人梅文鼎

梅文鼎（1633—1721），字定九，号勿庵。安徽宣城人。清初著名的天文学家、数学家。为清代"历算第一名家"和"开山之祖"。梅文鼎是我国承前启后的杰出的天文学家、数学家，与英国的牛顿，日本的关孝和同称为世界科学巨擘。

梅文鼎中西天文学的造诣都很深，天文学著作有40多种，纠正了前人的许多错误。梅文鼎最重要的贡献是在数学方面，他写了20多种数学著作。将中西方的数学进行了融会贯通，对清朝数学的发展起了推动作用。

■ 历算第一名家梅文鼎画像

梅文鼎在青少年时代通过家庭和塾师的培养，有了丰富的知识和广泛的兴趣，特别是塾师罗王宾引导他夜观星斗等活动，对他后来的学业产生了很大的影响。27岁师从自号竹冠道士的宣城籍逸民倪正学习大统历，开始学习数学、历法，终身潜心学术。

清代初年，新旧历法之争日趋激烈。面对这种情况，梅文鼎广泛收集古今中外历算书籍，下功夫研读，力求贯通。但相比之下，梅文鼎最重要的贡献是在数学方面。他将中西方的数学进行了融会贯通，对清代数学的发展起了推动作用。

在传统数学研究方面，梅文鼎比较系统地整理和研究了一次方程组解法，勾股形解法以及求高次幂正根的解法。

在《方程论》中，他纠正了当时一些流行著作的错误；对系数为分数的一次方程组提出新的解法。他又最先对数学进行分类，把传统数学分为算法和量法。在《勾股举隅》中，已知勾、股、弦、勾股和、勾股较、弦和和、弦和较以及勾股积等十四事中任两事，可求解勾股形，梅文鼎举出若干例题来说明这种算法。

梅文鼎画像

在《少广拾遗》中，他依据二项定理系数表，举例说明求平方、立方到十二乘方的正根的方法，虽未能恢复和发展增乘开方法，但已使明代逐渐消失的求高次幂正根的方法重新发展起来。

对当时传进来的西方数学，梅文鼎进行了全面的、系统的整理和会通工作，并且有所创造。

《笔算》是介绍《同文算指》的算法，《筹算》是介绍纳皮尔筹的计算，《度算释例》是介绍伽利略比例规的算法。根据中国书

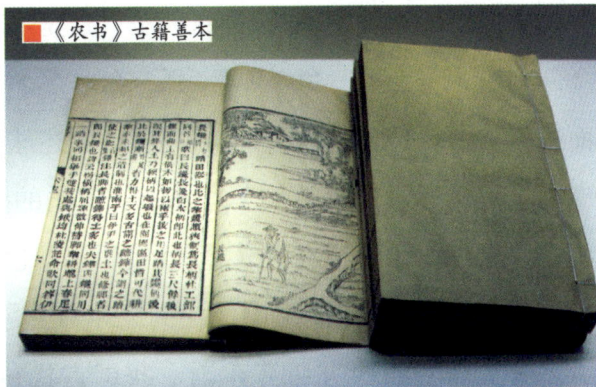
《农书》古籍善本

写的特点和传统的习惯，他把《同文算指》的横式算式改为直式，把直式的纳皮尔算筹改为横式。

《平三角举要》和《弧三角举要》，是梅文鼎系统整理了当时传入的平面三角和球面三角，并对其不详其理的公式和定理进行推导与证明。

在介绍比例规的算法中，他改正了罗雅谷在其《比例规解》中的讹误。梅文鼎在《几何补编》中证明了除六面体外的其他4种多面体的体积和内切球半径的公式，纠正了《测量全义》计算正二十面体体积的错误。

他还研究了许多复杂的有关正多面体的作图问题，例如在一个正六面体内作一个正二十面体，使其12个顶点都在六面体的6个面上。

对于《几何原本》，梅文鼎用传统的勾股算法进行会通，证明了《几何原本》卷2、卷3、卷4、卷6中15个定理。《堑堵测量》是用勾股算法会通球面直角三角形的边角关系公式。《环中黍尺》是用直角射影的方法证明球面三角学的余弦定理。

结合球面三角计算的需要，梅文鼎在此书中还用几何方法证明平面三角学的积化和差公式。

还有，梅文鼎的数学巨著《中西数学通》，几乎总括了当时世界数学的全部知识，达到当时我国数学研究的最高水平。他在《勾股举

隅》中提出了勾股定理的3种新证法；独立发现"理分中末线"，即黄金分割法；著《平三角举要》《弧三角举要》等我国最早的三角学和球面三角学专著；著《环中黍尺》5卷，论述球面三角形解法，并将此法应用于天文学，解答有关天球赤道、黄道的问题；著《少广拾遗》，阐发"杨辉三角"；在《筹算》《度算》《比例数解》等书中，解释和介绍了西洋的对数、伽利略的比例规等方法。

梅文鼎生当西方历算东渐、我国古代科学衰微之时，他独树一帜，积60年之精力，专工历算，冶中西于一炉，集古今之大成，述旧传新，继往开来，开清代历算中兴的先河。

其一生著述丰厚，成就巨大，可与17世纪至18世纪世界上三大数学家牛顿、关孝和平分秋色。是承前启后、横贯中西的数学大师，被称为清代天文算法"开山之祖"、清代"算学第一人"。

科学精英与求索发现

阅读链接

梅文鼎学贯中西，他勤奋、认真的治学精神贯彻一生。每当遇到问题时，对于暂时不理解的地方，他总是耿耿不忘，时时刻刻挂在心上，力求弄懂。为此废寝忘食是经常的事。

有时读别的书的时候，无意中触发心中疑团，豁然开朗，便趁夜秉烛，立刻记下来；有时找到的书，残缺不全，就设法抄补，不错一字，不漏一句；有时听说某地有位在天文、数学方面很有修养的人，他就不顾旅途劳累，步行登门求教。这种治学精神让人可敬可效。